Daniel
Brugès

Dictons
Proverbes
et autres *Sagesses*
d'Auvergne

Daniel
Brugès

Dictons
Proverbes
et autres Sagesses
d'Auvergne

De Borée

« Bien souvent, un simple proverbe
vaut mieux que deux bons avis. »

« La France, c'est l'Auvergne
avec quelque chose autour. »

Proverbe auvergnat

« L'Auvergne... C'est un secret plus qu'une province.
Elle vous tourmente toujours d'un tendre songe.
C'est quand on l'a trouvée qu'on la cherche le plus. »

Alexandre Vialatte

En guise de préface

Disons-le tout net : ce livre n'est pas un inventaire exaustif des proverbes, dictons, expressions et autres préceptes qui se disent en Auvergne. Une encyclopédie n'y suffirait pas. Il s'agit simplement d'un travail de collectage mené depuis plusieurs années.

Volontairement, les proverbes ou dictons généraux connus de tous n'ont pas été notés dans ces pages. De nombreux ouvrages leur sont consacrés par ailleurs.

N'étant nullement spécialiste en la matière, aucune distinction n'a été faite entre proverbe, dicton, sentence ou expression proverbiale. La nuance, souvent, est subtile et nombreux sont ceux qui y perdent… leur latin ! Je relèverai simplement la forme métaphorique et le caractère populaire de ces formules qui, de transmission orale à l'origine, se sont progressivement retrouvées transcrites sur les almanachs ou les calendriers.

Le parti-pris rédactionnel a été de présenter ces dires par grandes thématiques au sein desquelles se suivent diverses sous-thématiques.

Cette organisation devrait en faciliter l'approche. Bien entendu, tel dicton classé à « neige » aurait pu se trouver également à « récoltes », tel autre classé à « février » aurait pu illustrer le thème « mariage ».

Il semblerait que le mot « proverbe » soit apparu pour la première fois dans des textes du XIIe siècle. Plus récent, le mot « dicton » daterait du XVIe siècle.
Gardons simplement à l'esprit cette définition de l'abbé Prévost extraite de son *Dictionnaire portatif des mots français dont la signification n'est pas familière à tout le monde**, qui nous dit : « proverbe, maxime ou sentence courte et sensée, fondée ordinairement sur l'expérience, et capable d'instruire ou de corriger ».

Basés le plus souvent sur l'observation, ces témoignages de bon sens, outre le fait d'être porteurs de connaissances, orientent les pratiques de chacun. Ne négligeons donc pas ce patrimoine essentiel. Les proverbes et les dictons sont le reflet direct et authentique de nos terres d'Auvergne. Ils tissent un lien entre l'homme et son environnement.

Daniel Brugès

* Trouvé en référence dans l'excellent ouvrage de Jacques Pineaux *Proverbes et dictons français*, collection Que sais-je, Presses Universitaires de France, 1967.

Quelques règles de base pour lire la graphie occitane

- Le «**a**» final non accentué se prononce généralement «**o**».
- Le «**o**» sans accent se prononce «**ou**».
- Le «**ò**» se prononce «**o**».
- Le «**e**» se prononce «**é**».
- Le «**r**» final des verbes ou de certains noms ne se prononce pas.

Le verbe «**aller**» s'écrit «**anar**» et se prononce ana. Il en est de même pour le «**n**» final et quelques autres consonnes (par exemple «matin» se prononce mati).
Le «**s**» est souvent muet en fin de mot, surtout en Basse-Auvergne.

- «**v**» se prononce «**b**» comme dans «**viste**» qui se dit bisté.
- Le «**l**» se prononce «**l**» ou «**r**» ou «**g**» suivant les endroits (ex: «**pala**» se prononcera palo ou paro ou pago).
- «**ch**» se prononce «**tch**» ou «**ts**» ou «**ch**». Le nom «**chien**» s'écrit «**chin**» et se prononce tchi ou tsi ou chi.
- «**j**» se prononce «**j**», «**dj**» ou «**dz**». Le nom «**jorn**» s'écrit «**jorn**» et se prononce jour ou djour ou dzour.
- «**au**», «**ou**», «**èu**» sont des diphtongues qui n'existent pas en français. Il faut les prononcer «**aou**», «**oou**», «**èou**», mais sans articuler séparément le «ou».
- Les diphtongues «**ai**», «**oi**» et «**èi**» se prononcent «**aï**», «**oï**» et «**èï**», chaque voyelle gardant un son normal. Par exemple «**vèire**» se dira bèïré.
- «**nh**» se prononce «**gn**», par exemple «**vinha**» se prononce bigno.
- «**lh**» se prononce «**ill**». Le village cantalien de «**Paulhac**» se prononce Paouilla.

Sommaire

Le temps qu'il fait

Les gens

Les animaux

L'environnement naturel

Les astres

Au fil des jours, des mois et des saisons

Le temps qu'il fait

La pluie, les orages

Plèu e solelha
Lo Diable se grata l'aurelha.
Il pleut et il fait soleil
Le Diable se gratte l'oreille.

Se dit quand le temps est changeant, particulièrement à la fin du printemps.

•

Quand la Vièrja a fialat,
Lendeman fa sa bugada.
Quand la Vierge a filé,
Le lendemain, elle fait sa lessive.

Allusion aux «fils de la Vierge» laissés par les araignées qui annoncent un temps pluvieux pour le lendemain.

Vent clar, travèrsa escura,
Pluèja sura.
Vent clair, Ouest noir,
Pluie sûre.

Si un vent léger souffle et que l'Ouest est bouché par de sombres nuages, la pluie est à craindre.

•

Cial motonat
Res de bon a donat.
Ciel nuageux
Rien de bon n'a donné.

•

Plana clara, montanha escura,
Totjorn pluèja segura.
Plaine claire, montagne obscure,
Toujours signe de pluie.

Recueilli dans le sud Cantal.

Pluie à Noël, soleil aux rameaux.

Oratge del matin,
Lo diable marida sa filha pardi;
Oratge del vaser,
Lo diable tusta sa femna en infern.
Orage du matin,
C'est le diable qui marie sa fille bien sûr;
Orage du soir,
C'est le diable qui bat sa femme en enfer.
Les orages du matin ne durent pas longtemps
contrairement à ceux du soir.

•

Esparnidas de la nuèch
Passon pas lo puèch.
Éclairs de la nuit
Ne passent pas le mont.
Les gens de la plaine n'ont pas à craindre l'orage.

•

Quand s'espolson las polas,
La pluèja tarda pas.
Quand les poules se secouent,
La pluie ne tarde pas.

•

Aprèssa la pluèja,
Ven totjorn de bel tems
Après la pluie,
Vient toujours du beau temps.

Jamai la pluèja de prima
Passa per mechant tems.
Jamais la pluie du printemps
Ne passe pour être du mauvais temps.
Les averses printanières
sont favorables à toutes les cultures.

•

Quand Bar a son chapèi,
La pleuza z'es aprèi.
Quand Bar a son chapeau,
La pluie n'est pas loin.
Le mont Bar, avec sa remarquable tourbière,
est situé près d'Allègre en Haute-Loire.

•

Tròn aboriu, trace de tems darrièr.
Tonnerre précoce, temps médiocre par la suite.
Quand il tonne précocement au printemps,
ce n'est pas de bon augure pour le reste de l'année.

En abrial, lo tròn lo lauraire fai rire
Mes l'abelha e la feda aun encara a patir.
En avril, le tonnerre fait rire le laboureur
Mais l'abeille et la brebis ont encore à souffrir.

Les orages du mois d'avril sont bons pour les champs mais il n'y a guère d'herbe et de fleurs pour que les abeilles et les brebis puissent en profiter.

•

Plueja per Nadal,
Solelh per Rampan.
Pluie à Noël,
Soleil pour les Rameaux.

Oratges de prima,
Mechanta prima.
Oratges de darria,
Crana darria.
Orages de printemps,
Mauvais printemps.
Orages d'automne,
Superbe automne.

•

Quand tròna defòra sason,
Nèu o plueja sans rason.
Quand il tonne en dehors de la bonne saison,
Neige ou pluie sans raison.

•

En novembre, se quò tròna
L'annada sera bòna.
S'il tonne en novembre,
L'année sera bonne.

•

Tròn de darria,
Bèl tems darrièr.
Tonnerre d'automne,
Beau temps derrière.

L'arc-en-ciel

Arquet al levant, bèl tems fai;
Arquet al mièjorn, pluèja trai.
Arc-en-ciel au levant (à l'est),
il fera beau temps;
Arc-en-ciel au midi, il pleuvra.

•

L'arcan del matin
Engòrja lo molin.
L'arc-en-ciel du matin
Engorge le moulin.
Il va pleuvoir très fort.

•

L'arcan del matin
Bota lo boier a durmir,
L'arcan de la vaserada
Bota lo boier a la laurada.
L'arc-en-ciel du matin
Laisse dormir le bouvier (garçon de ferme),
L'arc-en-ciel de la soirée
Met le bouvier au labour.
L'arc-en-ciel du matin est annonciateur de pluie,
celui du soir de beau temps.

Arcanèl de vèsprada,
Brave temps per la prada;
Arcanèl del matin,
Grandas fanjas pel chamin.
Arc-en-ciel du soir,
Beau temps pour la prairie;
Arc-en-ciel du matin,
Beaucoup de boue dans les chemins.

•

Arcanèl del matin,
La pluèja es pel chamin.
Acanel de la vesprada,
La pluèja es passada.
Arc-en-ciel du matin,
La pluie est sur le chemin.
Arc-en-ciel du soir,
La pluie est passée.

•

Arzièu del matin,
De pleuia sans fin,
Arzièu del sera,
Buon tems espera.
Arc-en-ciel du matin,
De la pluie sans fin,
Arc-en-ciel du soir,
Beau temps à attendre.
Variante des précédents, venant de Haute-Loire.

La traversa del matin
Empacha pas de partir lo pelerin.
La traverse (le vent d'ouest) du matin
N'empêche pas le pèlerin de partir.

•

Mièjorn que jala,
Bisa que dejala,
Curat que fai la bujada
E femna que parla latin,
Totjorn trista fin.
Vent du sud qui gèle,
Bise qui dégèle,
Curé qui fait sa lessive
Et femme qui parle latin,
Toujours triste fin.

... LE VENT ...

Una bisa fòla
Al bot de tres jorns es mòla.
Une bise folle
Devient molle au bout de trois jours.

La bisa e lo coquin
Se lèvon totjorn matin.
La bise et le coquin
Se lèvent toujours matin.

•

Fòrt vent mena gaire pluèja.
Vent fort amène peu de pluie.

Une variante dit:
Grand vent,
Pichòta pluèja.
Grand vent,
Petite pluie.

•

Lo vent d'autan sus la gialada
Mena la pluèja dins la vesprada.
Le vent d'autan sur la gelée
Amène la pluie dans la soirée.

•

Auba roja,
Vent o pluèja.
Aube rouge,
Vent ou pluie.

La couleur de l'horizon
est un bon indicateur de temps.

Vent de bisa,
Trauca pèl e chamisa.
Vent de bise,
Troue la peau et la chemise.
Ce vent est redouté en hiver car il est source de grand froid, voire de tempête.

•

L'autan de la nuèch
Passa pas lo puèch.
L'autan del jorn
Dura nau jorns.
Le vent « autan » de la nuit
Ne franchit pas le puy.
Le vent « autan » du jour
Dure pendant neuf jours.

•

Vent d'autan,
pluèja deman.
Vent d'autan,
Pluie le lendemain.

•

Vent del mièjorn : vent ramaire,
Vent secaire.
Vent du midi (du sud) :
vent faisant croître les feuilles,
Vent de la sécheresse.

Le brouillard

Niula bassa
Bel tems amassa.
Brume rasante
Amasse du beau temps.

•

De la nèu la niula es la maire.
Le brouillard est la mère de la neige.

•

Niula pel sèrre
La pluèja vai quèrre.
Niula pel valat,
Mechant tems es passat.
Brouillard sur le haut de la colline
Va chercher la pluie.
Brouillard dans la vallée,
Le mauvais temps est passé.

Quand lo Cantal prend lo capèl
E la Dordogna lo mantèl,
aquò n'es pas sinhe de bèl.
Quand le Cantal prend le chapeau
Et la Dordogne le manteau,
Ce n'est pas signe de beau.
Les monts du Cantal et la rivière Dordogne couverts n'annoncent pas le beau temps.

•

Quand lo Plom met son chapèl,
Lo pastre met son mantèl.
Quand le Plomb du Cantal met son chapeau,
Le berger met son manteau.
Quand le brouillard couvre le Plomb du Cantal, c'est signe de pluie.
Une variante dit:
Quand Chantal pòrta chapèl,
Pastrons prenètz vòstre mantèl.
Quand le Cantal porte chapeau,
Jeunes bergers prenez votre manteau.

Quand le Plomb du Cantal met son chapeau
Le berger met son chapeau.

Quand lo Puèch Mari bota son capel,
Goja-te d'ajar ton mantèl.
Quand le Puy Mary met son chapeau,
Dépêche-toi de prendre ton manteau.

Recueilli par l'écrivain Jacques Mallouet dans la région de Valette. Dans le Puy de Dôme, on retrouve le même type de dicton:

•

Quand Puèi de Doma prend son chapèl,
Combanèira prend son mantèl.
Quand Puy de Dôme prend son chapeau,
Combeneyre prend son manteau.

La montagne de Combeneyre se situe près de Peslières. Quand le Puy de Dôme est couvert, la montagne de Combeneyre se prépare à recevoir la pluie ou le mauvais temps.

Jamais il n'y a
de samedi sans soleil
Jamais il n'y a
de vieux sans conseil.

Le beau temps

Jamai i a sabte sans solelh,
Jamai i a vièlh sans conselh.
Jamais il n'y a de samedi sans soleil,
Jamais il n'y a de vieux sans conseil.

•

Longa secada,
Lac de vin.
Longue sècheresse,
Lac de vin.

Une sècheresse estivale et le vin remplira les cuves.

•

Roginos del vèspre,
Solelha son mèstre.
Ciel rougeoyant le soir,
Ensoleille le maître.

•

Aprèssa lo vent, la pluèja,
Aprèssa la pluèja, lo solelh.
Après le vent, la pluie,
Après la pluie, le soleil.

la sècheresse

La neige, le froid, l'hiver

L'ivern es pas bastard,
S'es pas a l'ora, ven pus tard.
L'hiver n'est pas un bâtard,
S'il n'est pas à l'heure, il vient plus tard.
Une variante dit:
L'ivern es jamai bastard,
S'arrèiba pas lèu, arrèiba tard.
L'hiver n'est jamais bâtard,
S'il n'arrive pas tôt, il arrive tard.
Bref, tôt ou tard, l'hiver vient toujours.

•

En ivèrn,
Aquel que quita sa plaça, la pèrd.
En hiver,
Celui qui quitte sa place, la perd.
Celui qui est assis dans le cantou, près du feu, doit conserver sa place car d'autres l'attendent en raison du froid.

Per Totsant,
Lo frech es al champ.
Pour Toussaint,
Le froid est au champ.
Il faut se faire une raison, les beaux jours d'automne sont terminés.

•

Se tròna entremièg Totsant e Nadal,
L'ivern es en ratard.
S'il tonne entre Toussaint et Noël,
L'hiver est en retard.

•

Se la nèu tomba un còp dabant Nadau,
Tòrna tombar nau còps dabant la fin de l'ivèrn.
Si la neige tombe une fois avant Noël,
Il neigera encore neuf fois
avant que l'hiver ne se termine.
Localisé à Vieillevie dans le sud Cantal, en limite de l'Aveyron.

Pour que l'année
aille comme il se doit,
Les champs doivent
s'enneiger deux fois.

Quand ivèrna ambé la bisa,
Quò ecira e cadun se'n avisa.
Quand il neige avec la bise,
Il «écire» et chacun s'en aperçoit.
Lorsque la bise accompagne la neige,
la tourmente est de la partie.

•

Se l'ivèrn ven amé la fuèlha,
Se'n tòrna amé la fuèlha.
Si l'hiver (la neige) arrive
quand il y a encore des feuilles aux arbres,
Il ne repartira
qu'au moment du nouveau feuillage.

•

Per la sason d'ivèrn,
fai bon d'agure garnit tot entier
E son granier,
E son fenier,
E son lenhier.
Pour la saison d'hiver,
il fait bon avoir garni en entier
Et son grenier,
Et son fenil,
Et son bûcher.

Uèit jorns de nèu, quò's de fems;
Uèit jorns de mai, quò's de poison.
Huit jours de neige, c'est du fumier;
Huit jours de plus, c'est du poison.
Trop de neige d'affilée nuit.

•

Per Sant-Michal, la nèu es al cial.
Per Sant-Luc, es al suc.
Per Totsant, davala a la fònt.
Per Sant-Martin, barra la pòrta e lo chamin.
Per Sant-Blase, de nèu d'acqu'a la coa de l'ase.
Mes per Santa-Agata,
tota fond e lo prat se descata.
Pour Saint-Michel, la neige est au ciel.
Pour Saint-Luc, elle est en haut du mont.
Pour Toussaint, elle descend à la fontaine,
Pour Saint-Martin,
elle ferme la porte et le chemin
Pour Saint-Blaise, de la neige
jusqu'à la queue de l'âne.
Mais pour Sainte-Agathe, elle fond toute
et le pré se découvre.

A la Sant-Luc, la nèu al suc.
A Totsant, la nèu pel champ.
A la Sant-Andriu, la nèu al riu.
Pour la Saint-Luc (18 octobre),
la neige au mont.
Pour Toussaint, la neige dans le champ.
Pour Saint-André (30 novembre),
la neige au ruisseau.

•

Nèu de decembre,
Val de cendre.
Nèu de febrier,
Val un fumarier.
Neige de décembre,
Vaut de la cendre.
Neige de février,
Vaut un tas de fumier.

La neige de février profite autant à la terre qu'une bonne fumure.

•

Lo Plom dis al Griau:
Quand tu as frech, ieu ai pas caud.
Le Plomb du Cantal dit au Puy Griou:
Quand tu as froid, je n'ai pas chaud.

Ces deux montagnes du Cantal sont situées à proximité l'une de l'autre donc s'il fait mauvais temps sur l'une, l'autre n'est pas mieux servie.

Quand les montagnes
se couvrent trois fois
avant Noël, la Limagne
n'a pas mauvais hiver.

Les généralités météorologiques

Quò's perdre son tems
Que de se planjer del tems.
C'est perdre son temps
Que de se plaindre du temps qu'il fait.

•

Aquel que vòl mentir
Del tems parla.
Celui qui veut mentir
Parle du temps.

Quand on prédit le temps à venir,
fort souvent on se trompe.

•

Tems del tres,
Tems del mes.
Temps du trois,
Temps du mois.

La météorologie du troisième jour du mois
se prolongera tout le mois.

Val mai sason que fumada.
Mieux vaut saison que fumure.

Les paysans vous le diront, pour les futures récoltes, il vaut mieux un bon temps de saison qu'une bonne fumure dans les prés et les champs.
On dit également:

Tant val tems
Coma fems.
Le temps vaut aussi bien
Que le fumier.

•

Quand de lòng, entendes la campana,
Lo tems vai chanjar, tisana!
Quand, de loin, tu entends la cloche sonner,
Le temps va changer, crétin!

L'appellation de «tisana», autrement dit «crétin», donnée à l'interlocuteur n'est pas utilisée de façon agressive. C'est simplement pour lui signifier qu'il devrait connaître ce dicton.

•

Tems e sason
Jamai balhon rason.
Temps et saison
Ne donnent jamais raison.

On a souvent tort
lorsqu'on essaie de prévoir le temps.

Auba roja:
Vent o plueja.
Aube rouge:
Vent ou pluie.

Quasiment semblable,
on trouve dans le Cézallier:
Cial roge lo ser,
Plueja o vent lo matin.
Ciel rouge le soir,
Pluie ou vent le matin.

•

Roge de sera,
Bel temps espèra.
Roge de matin,
Compissa lo chamin.
Rouge le soir,
Beau temps à attendre.
Rouge le matin,
Pisse sur le chemin.

Complète le dire précédent. Si le ciel est rouge le soir, c'est signe de beau temps mais si le ciel est rouge le matin, gare à la pluie.

Ce que Dieu mouille,
Dieu le sèche.

Roge lo ser, blanc lo matin
Garda-te de partir.
Rouge le soir, blanc le matin,
Évite de partir.
Auba nalta sinhe de vent,
Auba bassa sinhe de bel tems.
Aube haute signe de vent,
Aube basse signe de beau temps.

•

I a totjorn un tems que trempa
E un altre que seca.
Il y a toujours un temps qui mouille
Et un autre qui sèche.

ou

Çò que Diu banha,
Diu zo seca.
Ce que Dieu mouille,
Dieu le sèche.

Autrement dit, comme le précisent les paysans «après un temps en vient un autre!»

•

Cial pomelat e femna pomponada,
Jamai son de longa durada.
Ciel pommelé (avec des nuages)
et femme fardée,
Jamais ne sont de longue durée.

Chalendas gialentas,
Meissons granantas.
Chalendas molas,
Meissons folas.
Calendes avec du gel,
Moissons avec beaucoup de grains.
Calendes humides,
Moissons folles.

•

Març ventos et abrial pluèjos
Ròndon lo paisan orgulhos.
Mars venteux et avril pluvieux
Rendent le paysan orgueilleux.

Le paysan peut être fier car les récoltes empliront granges et greniers.

•

De Totsant a l'Avent,
Jamai tròp d'aiga ni de vent.
De Toussaint à l'Avent,
Jamais trop d'eau ni de vent.

Aquel que lendeman vòl predire,
Totjorn messonjas aura a dire.
Celui qui veut prédire le lendemain,
Dira toujours des mensonges.
Qui veut deviner le temps futur
est souvent un menteur.

•

Quand plèu e soleha,
Lo Diable tusta sa femna a còps de relha.
Quand il pleut et qu'il fait soleil,
Le diable frappe sa femme à coup de soc.

•

Sans lo Chantal e lo Mont Dòr,
Lo boier portaria agulhada d'òr.
Sans le Cantal et le Mont Dore,
Le bouvier porterait un aiguillon d'or.
Ces deux montagnes conditionnent la météorologie locale et, souvent, sont sources de mauvais temps pour les laboureurs.
Une variante indique:
Sans lo Liugue e lo Mont Dòr,
Lo paisan portaria canna d'or.
Sans le Luguet et le Mont Dore,
Le paysan aurait une canne d'or.

Estiu que dura,
Ivèrn doç augura.
Eté qui dure,
Augure un hiver doux.
Si le beau temps estival se prolonge, l'hiver sera placé sous le signe de la douceur des températures.

•

Chavenda solelhosa,
Paquèi eviarnosa.
Calendes (Noël) ensoleillées,
Pâques hivernales.
Rejoint le fameux «Noël au balcon, Pâques aux tisons».

•

Quand Chalendas s'atapa un lus,
Sarratz bin vòstres pertus.
Lorsque les Calendes
commencent un lundi,
Fermez bien vos trous.
Il faut colmater les ouvertures car le grand froid arrive.

Parler du temps et du gouvernement
c'est vouloir s'y mettre dedans.

Les Gens

L'Auvergne, les auvergnats et... les autres

De l'Auvergne ne vient ni bon vin,
ni bon vent,
Ni bon argent, ni bonnes gens.

Que voilà une image peu flatteuse de nos terres auvergnates ! Heureusement depuis bien des lustres, cette image a changé.

•

D'auvergne les trois portes sont
Nonette, Vodable et Usson.

La Haute-Auvergne est oubliée. Mais que faire face aux trois superbes châteaux de la Limagne : Nonette le beau, Vodable le riche et Usson le formidable comme ils sont décrits dans certains ouvrages anciens.

En Auvèrnha, longas amoretas,
Trista fin.

En Auvergne, longues amourettes,
Triste fin.

Chez nous, les amourettes qui durent longtemps ne se concrétisent pas.

•

Un Auvèrnhat a totjorn son dich
E son dedich.

Un Auvergnat a toujours son dit
Et son dédit.

Ce proverbe vient du Puy-de-Dôme. Louis Bréhier le localise à Besse-en–Chandesse (aujourd'hui Besse-et-Saint-Anastaise).

•

Un bòn Auvèrnhat ne'n fai pissar tres.

Un bon Auvergnat en fait pisser trois.

L'Auvergnat est très persuasif, surtout en affaires. Si on lui demandait, il arriverait même à faire uriner trois personnes qui n'ont pas envie.

Un auvergnat a toujours son d
Et son dédit.

Auvèrnhat, bota una rava jos lo lèit.
Quand la rava poirira,
Auvèrnhat crebara.
Auvergnat, mets une rave sous le lit.
Quand la rave pourira,
Auvergnat crèvera.

Ce dire cruel pour l'Auvergnat met en avant son extrême sens de l'économie. Il est préférable d'entendre:
Esparnhaire coma
un Auvernhat d'Auvernha.
Économe comme un Auvergnat d'Auvergne.

•

Raubaire de ravas
Coma un Auvèrnhas.
Voleur de raves
Comme un Auvergnat.

Il est bien connu que les Auvergnats aiment les raves. Dans le Languedoc, on n'hésitait pas à dire que nos compatriotes migrants les volaient dans leurs champs.

•

Quatre-vint-dètz-a-nau fedas
e un Auvèrnhat faun cent bèstias.
Quatre-vingt-dix-neuf brebis
et un Auvergnat font cent bêtes.

Faun lors affaires los Auvèrnhats
e los Limosins
E aprèssa aquelas dels vesins.
Les Auvergnats et les Limousins
font leurs affaires
Et après celles de leurs voisins.

•

L'Auvèrnhata vèi quand son òme es bandat,
Jamai quand z'a set.
L'Auvergnate voit quand son mari est saoul,
Jamais quand il a soif.

•

Coma un drollet d'Auvernha,
Coparia un sou ambé las dents.
Comme un petit enfant d'Auvergne,
Il couperait un sou avec les dents.

Une blague de mauvais goût a longtemps circulé: les enfants miséreux de chez nous essayaient de couper les pièces en deux car ils croyaient avoir ainsi le double d'argent.

•

Bourbonnichon,
Gilet de velours, ventre de son.

Pour les gens du «Sud» de l'Auvergne, les habitants du Bourbonnais étaient vaniteux. Pour monter leur richesse, ces derniers n'hésitaient pas à porter de beaux habits mettant en valeur leur ventre rebondi.

Entre Bisa e Boserat,
Lo diable se debat;
Entre Boserat e Bisa
Se tròba totjorn en chamisa.

Entre Bize et Bouzerat,
Le Diable se débat;
Entre Bouzerat et Bize,
Il se trouve toujours en chemise.

Des vents forts soufflent entre ces deux villages de la Haute-Loire situés sur la commune de Saint-Hilaire.

À Montbonnet, Le Vent y est né.

Il est de l'académie de Sainte-Florine,
Il est de l'académie des ânes.

Qui pourrait apporter quelques éclaircissements sur cette académie qui mériterait d'être implantée dans d'autres villages et villes de notre bonne Auvergne ?

Sembla als vedèls del Fores
Que valon mai a dos ans qu'a tres.

Il ressemble aux veaux du Forez
Qui valent mieux à deux ans qu'à trois.

•

A Navas,
fau cuèire las favas;
D'Aliac,
Las ausisson farfolha;
De Selèisi,
Las ausisson bulhir.

A Navat,
On fait cuire les fèves;
D'Alliac,
On les entend remuer;
De Silusien,
On les entend bouillir.

Ces trois villages se trouvent sur les communes de Saint-Arcons-d'Allier, de la Chomette et de Siaugues-Saint-Romain.

•

Lòng coma la viala de Diparse.

Long comme la ville d'Aigueperse.

Clermont le riche,
Montferrand le fort,
Riom le beau,
Ambert le vilain,
Thiers le peuplé.

Ces qualificatifs attribués à certaines villes du Puy-de-Dôme ont été donnés par Legrand d'Aussy dans le tome I de son ouvrage Voyage.

•

Si Dôme était sur Dôme,
On verrait les portes de Rome.

Cité par Legrand d'Aussy dans Voyage d'Auvergne. Si le puy de Dôme était deux fois plus élevé, on pourrait voir de son sommet la ville italienne.

•

Quand il fait deux liards de vent à Thiers,
Il en fait pour deux sous à Clermont.

Le liard est une ancienne monnaie de cuivre qui valait le quart d'un sou. S'il vente à Thiers, Clermont le sera bien plus.

Les filles de Royat
Ont toutes le goître.
C'est à force de boire de l'eau
Qu'elles ramassent le cou gros.

Belle preuve de jalousie de quelques autres lieux du Puy-de-Dôme qui, probablement, n'ont pas la même eau.

•

La Croix Morand
Veut un homme par an.

Ce col était réputé dangereux, on lui payait un lourd tribut.

À Issoire,
bon vin à boire
Bon pain à manger
et belles filles
à voir.

Valhenta ma las polas de vès La Tor
Que vau pondre vès Sant Pardau.
Elle est aussi vaillante que les poules
de La Tour d'Auvergne
Qui vont pondre à Saint-Pardoux.
Se dit pour les personnes courageuses.

Châteldon,
Petite ville
et grand renom.

Lo Godòt es un pauc pesca-luna.
Le Goudot est un peu «pêche-lune».
Les Goudots sont les habitants d'Aurillac. La légende raconte que la Jordanne, rivière qui traverse cette ville, recelait des paillettes d'or. Pour récupérer le métal précieux, les orpailleurs utilisaient un récipient nommé «goudot» ou «gondot». Le sobriquet fut donc donné par les gens de la campagne aux Aurillacois. Depuis ces temps lointains, on surnomme «pesca-luna» une personne un peu niaise car d'or dans la Jordanne, bien peu en ont trouvé de grandes quantités.

Bèl miracle a Leucamp,
La pola negra a fach un uou tot blanc.
Beau miracle à Leucamp,
La poule noire a fait un œuf tout blanc.
Dit de façon humoristique pour railler les habitants de ce village du Cantal.

•

Es coma Pière de Combret,
Ambé un mantèl fai un bonnet.
Il est comme Pierre de Combret
Qui d'un manteau fait un bonnet.
Le hameau de Combret se situe sur la commune de Lavastrie (Cantal), près du barrage de Grandval. S'utilise pour désigner quelqu'un qui manque d'esprit d'entreprendre.

•

Pilharòt d'Ambèrt
Passa pel codèrc
Amb lo cuol dubèrt.
Chiffonnier d'Ambert
Passe sur le terrain communal
Avec le cul ouvert.
Les chiffonniers étaient très mal habillés.

Un mur mura Murat
Et Murat murmura.

On dit cela pour parler des grands murs protégeant la jolie ville de Murat.

•

A Sant-Flor,
Lo bon Diu fai ho, ho.
À Saint-Flour,
Le bon Dieu fait hou, hou.

Deux théories expliquent cette expression. La première raconte qu'il y a fort longtemps, sur la place de la cathédrale de Saint-Flour, une statue était fixée à une grande croix. Comme elle était percée, le vent s'engouffrait par ce trou et faisait du bruit. La deuxième explication provient du fait que la ville de Saint-Flour étant souvent en prise au vent, les habitants l'entendaient hurler dans les ruelles étroites.

•

Las dròllas da Boisset sabon plan s'aparar:
Boton la man dabant mès escarton los dets.
Les filles de Boisset (Cantal)
savent bien se protéger:
Elles mettent la main devant
mais elles écartent les doigts.

Cité par Jean Vezole dans son livre Contes mai qu'a meitat vertadiers *publié par l'IEO Cantal en 1985.*

Aquò's coma a Sarrus
Aprèssa la sopa li a res pus.
C'est comme à Sarrus
Après la soupe, il n'y a rien plus.

Les habitants de Ruynes-en-Margeride (Cantal) accusent ironiquement ceux du petit village de Sarrus de ne pas faire de gros repas.

•

Las castanhas del brasièr
Peton quand son pas traucadas
E las femnas da Rozièr
Ploron quand son pas batudas.
Les châtaignes du brasier
Éclatent quand elles ne sont pas percées
Et les femmes de Rouziers (Cantal)
Pleurent quand elles ne sont pas battues.

Nous ne possédons pas d'explication sur le sens véritable de ce proverbe des plus mysogines. Il inciterait à croire que les femmes de cette charmante localité aimeraient qu'on les frappât, mais pourquoi?

•

Lo Diable s'òcupa de nautres
E nautres da z'autres.
Le Diable s'occupe de nous
Et nous des autres.

Pauc a pauc,
L'òr d'Espanha monta a Sant-Pau.
Peu à peu,
L'or d'Espagne monte à Saint-Paul.

Il s'agit de la commune de Saint-Paul-des-Landes dans le Cantal qui recevait l'or gagné par ses émigrants partis sur les terres espagnoles pour travailler. On trouve le même dire en Limousin, plus précisément en Corrèze, concernant Saint-Paul, une paroisse du doyenné de la Roche-Canillac.

•

A Gròs,
Cagon dins un cròs.
A Lher,
Peton en l'èr.
A la Torre,
Tot lo monde i corre.
À Gros,
Ils défèquent dans un trou.
À Lher,
Ils pètent en l'air.
À la Tour,
Tout le monde y court.

Ces propos concernent deux villages de la commune de Neuvéglise dans le Cantal. La Tour, quant à elle, se situe sur la commune de Chaudes-Aigues, à quelques encablures des précédents.

Les hommes, les garçons

Plan caussat, plan coifat,
Es a mitat maridat.
Bien chaussé, bien coiffé,
Est à moitié marié.

L'homme qui « présente bien » trouvera facilement une épouse.

•

Cada culhièira tròba son escudèla,
Cada monsur sa domaisèla.
Chaque cuillère trouve son bol,
Chaque monsieur sa demoiselle.

À rapprocher de l'expression « trouver chaussure à son pied ».

Il vaut mieux un bon voisin
Qu'un méchant cousin.

Ambé los chans de tas tèrras,
Garçon chassa las lèbras.
Avec les chiens de tes terres,
Garçon, chasse les lièvres.

Quand on choisit une fiancée, il vaut mieux se méfier. Au moins, si elle est des environs, on la connaît mieux et on connaît sa famille.

•

Caressas de galant,
Promessas d'enfant.
Caresses d'amoureux,
Promesses d'enfant.

Mesdemoiselles, attention : il ne faut pas se fier aux caresses des garçons.

•

Quand la pola se vira vèl gal,
Aquò's pas l'amor que cal.
Quand la poule se tourne vers le coq,
Ce n'est pas l'amour qu'il faut.

Il ne faut pas inverser les rôles : c'est au garçon à faire sa demande à la fille et non l'inverse.

•

Un cacau tròba totjorn mai cacau per l'escotar.
Un « bêta » trouve toujours plus « bêta » que lui pour l'écouter.

Val mai un bòn vesin
Qu'un mechant cosin.
Il vaut mieux un bon voisin
Qu'un méchant cousin.
Il ne faut pas hésiter à voir hors de la famille pour régler les affaires.

•

Los buous se tapon per las banas,
Los òmes per la lenga.
Les bœufs s'attrapent grâce à leurs cornes,
Les hommes grâce (ou plutôt)
à cause de leur langue.
Ici le mot «langue» est utilisée dans le sens de parole. C'est donc la langue qui perd les hommes. Une variante annonce:
Los òmes se tenon amb la paraula,
Los buous amb una beta.
Les hommes se tiennent avec la parole,
Les bœufs avec une corde.

Lo paure òme,
Z'a lo diable dins lo pòrta-moneda.
Le pauvre homme,
Il a le diable dans le porte-monnaie.
Il est très pauvre, il n'a plus un sou.

•

Ome, or, vin o servitor,
Lo pus vièlh es lo melhor.
Homme, or, vin ou serviteur,
le plus vieux est le meilleur.
À en croire ces paroles, l'âge bonifie.

•

Fai tant besonh
Qu'un còp de baston.
Il (ou elle) est aussi utile
Qu'un coup de bâton.
On trouve aussi ces deux autres formules lapidaires concernant les gens sur lesquels on ne peut jamais conter:
Fai besonh coma una taupa dins un prat.
Il (ou elle) est autant utile qu'une taupe dans un pré.

Les hommes se tiennent
avec la parole,
Les bœufs avec une corde.

Fai besonh coma l'envija de cagar.
Il est utile comme l'envie de chier.

•

Es mince de cusina.
Il est mince de cuisine.

Se dit des garçons et des hommes très maigres.

•

Un bon badau
Ne'n fai badar nau.
Un bon bâilleur
En fait bâiller neuf.

•

Val mai un òme aimant
Que vint galants.
Il vaut mieux un homme aimant
Que vingt amoureux.

•

Es bèstia coma un martèl de dalha.
Il est bête comme un marteau de faux.

•

Totjorn raça racija.
Toujours race donne race.

On n'échappe pas aux qualités et aux défauts de sa famille.

L'òme a doas bònas jornadas sobre tèrra: quand pren femna e quand l'entèrra.
L'homme a deux bonnes journées sur terre:
Quand il se trouve une épouse
et quand il l'enterre.

•

A cagat la mitat de sa mèrda.
Il a chié la moitié de sa merde.

On dit cela pour parler des quinquagénaires.

•

Es coma los pòrres:
A la tèsta blancha e la coa verda.
Il est comme les poireaux:
Il a la tête blanche et la queue verte.

Lorsqu'un homme âgé continue à courir les dames, on n'hésite pas, en Haute-Auvergne, à parler de lui en ces termes osés.

Il vaut mieux un homme aimant
Que vingt amoureux.

Les femmes, les filles

Disons-le tout net : les proverbes auvergnats sur les femmes sont rarement à l'avantage de celles-ci. Un antiféminisme primaire est souvent de mise même si l'humour veut essayer de masquer la réalité. Et pourtant, dans cette Auvergne à majorité rurale, avec courage et simplicité, les femmes ont joué un rôle fondamental, tant dans le travail que dans leur quotidien d'épouses et de mères.

•

I a res de pus fòrt sur tèrra
Qu'una barra plantada o una femna ajaçada.
Il n'y a rien de plus fort sur terre
Qu'une barre plantée ou une femme couchée.

Una femna jova que ven del riu
Manjaria un òme tot viu.
Une femme jeune qui vient du ruisseau
Mangerait un homme tout vivant.
Il semblerait que le fait de laver le linge à la rivière put avoir des pouvoirs aphrodisiaques chez les lavandières.

•

Femna potonijada
S'es a mitat balhada.
Femme embrassée
S'est à moitié donnée.
Recueilli en Margeride, ce propos se trouve également dans d'autres région de France, et plus particulièrement dans le Sud.

•

Femna jova o femna vièlha
Fai o defai un ostal.
Femme jeune ou femme âgée
Fait ou défait une maison.
Ce n'est pas l'âge qui donne ses qualités à la maîtresse de maison.

•

Lo fuòc, l'aiga e la femna amorosa
Son tres causas dangèirosas.
Le feu, l'eau et la femme amoureuse
Sont trois choses dangereuses.

Femna de vin,
Ni lo ser ni lo matin.
Femme de vin,
Ni le soir ni le matin.

•

Drolleta que parla latin,
Femna que biu belcòp de vin
E solelh levat tròp matin,
I a pas que Diu que sab lor fin.
Fillette qui parle en latin,
Femme qui boit beaucoup de vin
Et soleil qui se lève très tôt,
Il n'y a que Dieu qui connaît leur fin.

•

Quand lo Diable dintra dins la dança,
La femna a prens cent pas d'avança.
Lorsque le diable entre en danse,
La femme a pris cent pas d'avance.

•

Es coma vedèla que s'asèrba.
Elle est comme une génisse
que l'on sort de l'étable au printemps.
Se dit des demoiselles délurées ou impatientes.

Femme embrassée
S'est à moitié donnée.

Entre la femna e lo Diable, causis
Mès pren lo tems de calcular.
Entre la femme et le Diable, choisis
Mais prend le temps de calculer.

•

Se lo Diable ne'n sab mai
que lis femnas,
Quò's que z'es pus vièlh.
Si le Diable en sait davantage
que les femmes,
C'est qu'il est plus vieux.

•

Brava femna dins un ostal
Val mai que bòrria e que chaval.
Brave femme dans une maison
Vaut mieux que ferme et que cheval.

Une brave femme vaut
tous les trésors du monde.

•

Femna muda
Es pas jamai batuda.
Femme muette
N'est jamais battue.

Pour l'Auvergnat d'hier,
la meilleure des épouses
est celle qui ne parle pas.

Femnas sans vicis,
Curat sans capricis
E molinier fidèl:
Quò's tres miracles al cèl.
Femmes sans vice,
Curé sans caprice
Et meunier fidèle,
Sont trois miracles au ciel.

Recueilli sur la commune de La Trinitat (Cantal).

•

Femnas se sabiatz çò que la nuèit pòrta,
Barrariatz la pòrta.
Femmes si vous saviez ce que la nuit porte,
Vous fermeriez la porte.

Attention aux garçons qui cherchent aventure.
Un deuxième sens plus coquin tend à mettre
les femmes en garde du sexe des hommes.

•

A pas besonh d'anar defòra
Per trobar lo mechant tems.
Elle n'a pas besoin de d'aller à l'extérieur
Pour trouver du sale temps.

Se dit au sujet d'une femme frappée
par son époux violent.

Boes sec e femna coma chal
Menon totjorn bien l'ostal.
Bois sec et femme comme il faut
Conduisent toujours bien la maison.
Pour qu'une maison fonctionne à merveille,
il convient d'avoir du bois sec pour le chauffage et...
une bonne épouse.

•

La femna es lo bon Diu de l'ostal,
Grand malur se'n es lo Diable.
La femme est le bon Dieu de la maison,
Grand malheur si elle en est le Diable.

•

Val mai gardar cent fedas près d'un blat
Qu'una filha quand son cur a parlat.
Il vaut mieux garder cent brebis
près d'un champ de blé
Qu'une fille quand son cœur a parlé.

•

Aquò's vistable:
Tèsta de femna, tèsta de Diable.
C'est une certitude:
Tête de femme, tête de Diable.

Tête de femme, tête de Diable.

Pialses fins e uèlhs d'amor
Fau pas cuèire la sopa al forn.
Cheveux fins et yeux d'amour
Ne font pas cuire la soupe dans le four.

Une mise en garde à prendre avec précaution: les jolies filles ne sont pas toujours les meilleures cuisinières.

•

Tres olas dins un ostau
Sinhe de festa.
Tres femnas dins un ostau
Sinhe de pesta.
Trois marmites dans une maison
Signe de fête.
Trois femmes dans une maison
Signe de peste.

Une variante dit:

Tres topins dabant lo fuòc, quò's la fèsta;
Tres femnas dabant lo fuòc, quò's la pèsta.
Trois pots devant le feu, c'est la fête;
Trois femmes devant le feu, c'est la peste.

Par «trois femmes», on entend la fille, la mère et la belle-mère (ou la belle-fille).

Femna foirosa
A lo morre frech.
Femme foireuse
A le visage froid.

Se dit d'une femme a l'air coincé, d'une éternelle grincheuse. Les femmes maigres ne sont pas mieux servies par le proverbe suivant :

Femna maigre,
Femna aigre.
Femme maigre,
Femme aigre.

•

Femneta qu'aima tròp lo bal
Gaire trabalha e o fai mal.
Jeune femme qui aime trop danser
Ne travaille guère et le fait mal.

•

Quò's totjorn per las femnas
Que la misèra ven.
C'est toujours par les femmes
que la misère arrive.

•

Ni tiala ni femna bravonèla
Se diu crompar a la chandèla.
Ni toile ni jolie femme
Ne doivent s'acheter à la chandelle.

Genta filha e bòn froment
Se tròbon vistament.
Jolie fille et bon froment
Sont trouvés rapidement.

Aucun des deux ne tarde à trouver preneur.

•

Una filha : chal una filha.
Doas filhas : prossas filhas.
Tres filhas : tròp de filhas.
Quatre filhas e la maire :
Cinc diables còntra lo paire !
Une fille : il faut une fille.
Deux filles : assez de filles.
Trois filles : trop de filles
Quatre filles et la mère :
Cinq diables contre le père !

Une fille : il faut une fille.
Deux filles : assez de filles.
Trois filles : trop de filles
Quatre filles et la mère :
Cinq diables contre le père !

Dans le même esprit, une autre approche :

Una filha :
Brava filha.
Doas filhas :
Prossas filhas.
Tres filhas amb la maire :
Cent misèras sègon lo paire.

Une fille :
Brave fille.
Deux filles :
Assez de filles.
Trois filles et leur mère :
Cent misères suivent le père.

•

Se vòls pas te trompar,
Te chal pas te maridar.

Si tu ne veux pas te tromper,
Il ne faut pas te marier.

•

Lo que femna pren,
Crana annada pren.

Celui qui prend femme (se marie)
Superbe année prend.

Ce proverbe auvergnat
est l'un des seuls recensés
vantant le mariage.

Una femna sans brajas
Es coma un prat sans cleda :
Totes los braus pòdon se i claure.

Une femme sans culotte
Est comme un pré sans portail :
Tous les taureaux peuvent y entrer.

Cette sentence peu flatteuse est destinée
aux femmes ou filles légères.
Toujours des mêmes filles, certains disent :

Z'a lo forn que li fuma.

Elle a le four qui fume.

•

Plors de femna e pluèja d'estiu,
Jamai aun fach un gros riu.

Pleurs de femme et pluie d'été,
Jamais n'ont fait un gros ruisseau.

Les épouses malheureuses
n'ont droit à aucune compassion !

•

Cotilhon de femna es petaç del Diable.

Cotillon de femme est chiffon du Diable.

Il faut se méfier des femmes
qui montrent trop leur jupon.

Cotillon de femme
est chiffon du Diable.

Le mariage

Quand las filhas se maridon,
Cosenton en disant non.
Quand les filles se marient,
Elles consentent en disant non.

•

Las filhas e las abelhas,
Soent fau gratar l'orelha.
Les filles et les abeilles
Souvent font gratter l'oreille.

•

Una filha de quinze ans ris,
A vint ans chausis,
A vint e cinc s'acomòda ,
A trenta, pren çò que tròba.
Une fille de quinze ans rit,
À vingt ans, elle choisit,
À vingt-cinq, elle s'accommode,
À trente, elle prend ce qu'elle trouve.

•

Doas femnas amé una chabra nèira,
N'i a pron per tener la fèira.
Deux femmes avec une chèvre noire,
Suffisent pour tenir la foire.

Celui qui prend femme
Superbe année prend.

L'amor coma la ronha
Sap jamai ont se conha.
L'amour comme la hargne
Ne sait jamais où il se fourre.

•

Cada pé tròba son esclop.
Chaque pied trouve son sabot.

Lo que se marida lo diluns,
I torna plus.
Celui qui se marie un lundi,
N'y retourne plus.
D'après la tradition populaire, le lundi est l'un des jours néfastes au mariage.

Maridaras ton dròlle se zo vòles
E ta dròlla se zo pòdes.
Tu marieras ton fils si tu le veux
Et ta fille si tu le peux.

•

Dròllas que son a maridar
Es fotut tropèl a gardar.
Les filles qui sont à marier
Forment un fichu troupeau à garder.

•

Se plèu lo jorn de ton maridatge,
Belcòp d'escus dins ton mainatge.
S'il pleut le jour de ton mariage,
Beaucoup d'argent dans ton ménage.

Dans la même veine, un proverbe proclame «Mariage pluvieux, mariage heureux».

•

Lo quò maridat totas sas filhas
Pòt botar las mans darrièr lo cuol.
Celui qui a marié toutes ses filles
Peut mettre les mains derrière le cul.

En fait, il est désormais tranquille !

Aquel que marida la filha de son vesin
Ne'n conus los defaus.
Celui qui épouse la fille de son voisin
En connaît les défauts.

Mieux vaut épouser quelqu'un que l'on connaît pour éviter les surprises.

•

De bon plant planta ta vinha,
De bona raça pren la filha.
Plante ta vigne avec du bon plant,
Et pour te marier,
choisis une fille de bonne race.

«De bonne race» est dans le sens de «bonne famille», de «famille honnête et recommandable».

•

Per faire un bon mainatge,
La femna dèu èstre bòrlha e l'òme sord.
Pour faire un bon ménage,
La femme doit être aveugle et l'homme sourd.

Si la femme ne voit pas que son mari la trompe et si l'homme n' entend pas les jérémiades de son épouse, alors il n'y aura pas de scène de ménage.

Les filles qui sont à marier
Forment un fichu troupeau à garder.

Lo mainatge vai mal
Quand la pola chanta mai que lo jal.
Le ménage va mal
Quand la poule chante plus fort que le coq.
La poule représente la femme et le coq le mari.

•

Prumièira annada: nas a nas,
Seconda annada: bras a bras
E la tresièma: tira-te enlai.
Première année: nez contre nez,
Deuxième année: bras contre bras
Et la troisième: file plus loin.
Le bonheur du mariage s'estompe rapidement.

•

A la guèrra, a la chassa e a l'amor,
Per un plaser, fais de dolor.
À la guerre, à la chasse et à l'amour,
Pour un plaisir, un fardeau de douleur.

•

Amor de nòra,
Solelh d'ivèrn.
Amour de bru,
Soleil d'hiver.
Les beaux-parents ne comptent pas sur l'amour de leur bru, d'où cette image poétique pour montrer la tiédeur des relations.

Entre bèla-maire e pajisa,
Soent i a meissants moments.
Entre belle-mère et bru,
Souvent, il y a de mauvais moments.

•

Lo que pren nòra o gendre
Fa la bugada sens cendre.
Celui qui prend bru ou gendre
Va faire la lessive sans cendre.

•

Uros una jornada quand te maridas,
Uros una setmana quand tuas lo pòrc,
Uros tota la vida quand sias curat.
Heureux une journée lorsque tu te maries,
Heureux une semaine quand tu tues le cochon,
Heureux toute la vie quand tu es curé.
Se dit en plaisantant le jour du mariage pour signifier qu'il vaut mieux rester célibataire.

•

Tant vira patau,
Que dins la mèrda se clau.
Tant tourne pataud,
Qu'il finit par se mettre dans le fumier.
Attribué aux célibataires endurcis qui, à force de chercher l'âme sœur parfaite, finissent par mal se marier.

Durmir a l'hòtel del cuol virat.
Dormir à l'hôtel du cul tourné.
Souvent les couples utilisent cette citation pour indiquer qu'ils se tournent le dos lorsqu'ils sont au lit et que, bien entendu, ils laissent de côté leur « devoir conjugal ».

•

Vièlhas amors e vièlhs tisons
S'atubon en totas sasons.
Vieilles amours et vieux tisons
S'allument durant toutes les saisons.
Il n'est jamais trop tard pour aimer.

•

Femna jova e òme vièlh
Totjorn fau bon tropèl.
Femme jeune et homme vieux
Font toujours un bon troupeau.
Les écarts d'âge étaient fréquents dans nos campagnes. Aussi valorisait-on par les proverbes ce type d'union.

•

Plusses d'amors,
Plusses de cranes jorns.
Plus d'amour,
Plus de beaux jours.

Les enfants

Las filhas naisson a la novèla luna
E los garçons a la plena luna.
Les filles naissent à la lune nouvelle
Et les garçons à la pleine lune.
À vérifier !

•

Es tombada sus un clavèl rolhat.
Elle est tombée sur un clou rouillé.
Se dit pour une femme enceinte : un clou rouillé provoque toujours « un gonflement de la plaie » ... à l'image du ventre qui grossit au fil des mois.

•

A festat Paschas dabant los Rampans.
Elle a fêté Pâques avant les Rameaux.
Pour se moquer de la jeune fille qui se trouve enceinte avant d'être mariée, l'Auvergnat n'hésite pas à utiliser une telle image. Parfois il dit aussi :
Vai-t-en saupre quanha fermija
l'a piquada sul ventre !
Va-t-en savoir quelle fourmi
l'a piquée sur le ventre !

Se jove sabia
E se vièlh podia.
Si jeune savait
Et si vieux pouvait.

•

Balha pas le tems d'eifresir le mole.
Elle ne laisse pas le temps au moule de se refroidir.

Expression de la Limagne pour dire qu'une femme est très souvent enceinte.

•

Çò que se pren al breç,
Se pòrta dins la tomba.
Ce qui est pris au berceau,
S'emporte dans la tombe.

Au sujet de l'hérédité familiale.

•

Pissa al lèit e dis que susa.
Il pisse au lit et il dit qu'il transpire.

Se dit d'un enfant qui a fait une faute et qui n'ose pas le dire.

•

A fach une bessina de maçon.
Il a fait un pet de maçon.

A propos d'un petit ou d'une petite qui a sali sa culotte.

Dins las pilhas,
Posson las gentas filhas ;
Dins los pilhons,
Los gentes garçons.
Dans les chiffons,
Poussent les jolies filles ;
Dans les chiffons,
Les beaux garçons.

En Auvergne, ce n'est pas l'habit qui fait le moine. Malgré leur tenue misérable, les enfants des campagnes d'ici donnaient (et continuent de donner d'ailleurs !) de superbes gars et filles.

Totes los dròlles d'un mème ventre
Son pas totjorn de mèma trempa.
Tous les enfants d'un même ventre
Ne sont pas toujours de même trempe.

Les membres d'une fratrie n'ont pas nécessairement le même caractère.

•

Cau pas tròp aplanir lo camin als enfants.
Il ne faut pas trop aplanir
le chemin aux enfants.

Ils se doivent se confronter à quelques difficultés pour réussir dans la vie.

•

Dins un ostal, l'ainat quò's tot,
Lo cadet pas grand causa
et las filhas res de tot.
Dans une maisonnée, l'aîné c'est tout.
Le cadet pas grand chose et les filles rien du tout.

•

A dugut tetar de bon lait.
Il a du téter du bon lait.

Se dit d'un enfant sage, placide.

•

A agut la vacha amai lo vedelon.
Il a eu la vache et même le petit veau.

Concerne un homme qui a épousé une femme enceinte ou avec un enfant.

Son del même eschavèl e del mème fial.
Ils sont du même écheveau et du même fil.
On utilise ce propos
pour des enfants qui se ressemblent.
Pour les qualités et les défauts
qui se transmettent de génération
en génération, on dit plutôt:
Raça, raceja
E mena, meneja.
La race se reproduit
avec les caractères de la race
Et l'espèce se reproduit
avec les caractères de l'espèce.

•

A recegut mai d'emplastres
que de calinhadas.
Elle (ou il) a reçu plus de gifles
que de calins.
Jacques Mallouet propose une variante disant:
A receibegut mai de timplaus
que de cafinhadas.
Elle a reçu plus de claques
que de caresses.
Se dit d'un enfant maltraité ou d'une femme
secouée par son mari difficile à vivre.

De rats al charnier,
De pijons al granier
E d'efants al fornial
Aun lèu tombat un ostal.
Des rats au saloir,
Des pigeons au grenier
Et des enfants au four
Ont vite fait de détruire une maison.

Il ne faut pas trop aplanir
le chemin des enfants.

La richesse, la pauvreté

Grand ranom passa fortuna.
Grand renom passe fortune.

•

Cau de tot monde
Per faire un monde.
Il faut de tout monde
Pour faire un monde.

Riche ou pauvre, blanc ou noir, jeune ou vieux… chacun a sa place ici-bas.

•

Lo que tèrra z'a,
Guèrra z'a.
Celui qui terre a,
Guerre a.

Posséder des terres est toujours source de jalousie.

L'argent a la queue lisse.

L'argent a la coeta lisa.
L'argent a la queue lisse.

Il est difficile à attraper, à gagner.

•

Menut profit emplis la borsa.
Menu profit remplit la bourse.

•

Es charjat d'argent
Coma un grapal de plumas.
Il est chargé d'argent
Comme un crapaud de plumes.

Celui qui affiche une certaine aisance financière mais qui, en fait, n'est pas riche se voit rabaissé promptement lorsqu'il entend cette formule.

•

Lo qu'es mas embralhat amé las bralhas delhs autres
Es sovent dèibralhat.
Celui qui est culotté
avec les culottes des autres
Est souvent mal culotté.

En Auvergne, les culottes sont les pantalons.

•

Lo linge fin es pas totjorn lo mai propre.
Le linge fin n'est pas toujours le plus propre.

La malhonnêteté se trouve aussi chez les riches.

L'argent mal amassat,
Jamai a bien granat.
L'argent mal acquis,
N'a jamais grainé.
Équivalent de «Bien mal acquis
ne profite jamais.»

•

Fai venir los escus de la punta dèlhs dets.
Il fait venir les écus du bout des doigts.
Concerne les mauvais payeurs
qui mettent longtemps à régler leurs dettes
ou... leurs employés.

•

Vau mai ne plus aver
Que de n'aver jamai agut.
Il vaut mieux ne plus avoir
Que de n'avoir jamais eu.

•

Aquel que manja son capital
Pren viste lo chamin de l'espital.
Celui qui mange son capital
Prend vite le chemin de l'hôpital.
Il convient de ne pas trop dépenser
si l'on ne veut pas mal finir.

Tirar lo diable per la coa.
Tirer le diable par la queue.
Cette expression signifie que l'on est endetté ou que l'on ne possède guère de biens.

•

Se vas a la fièira sans argent,
Lèva lo cap e vira-te.
Si tu vas à la foire sans argent,
Lève la tête et fais demi-tour.
Quand on parle d'un avare, on n'hésite pas à utiliser ce propos :
Manjaria tres còps sa mèrda.
Il (ou elle) mangerait trois fois sa merde.
On dit également :
Espelaria un pesolh
Per n'agure la pèl.
Il pèlerait un pou
Pour en avoir la peau.
ou
Manjaria sa mèrda.
Il mangerait ses excréments.
Se dit d'une personne extrêmement avare.

•

Qui n'épargne pas un sou
N'en aura jamais deux.

Il faut de tout monde
Pour faire un monde.

Z'a d'argent coma les chins z'aun de nèiras.
Il a de l'argent comme les chiens ont des puces.
Se dit pour quelqu'un qui est très riche.

•

Aprèssa un amassaire,
Ven un escampilhaire.
Après quelqu'un qui amasse,
Vient quelqu'un qui jette.
Il paraît que les descendants d'une personne économe ont tendance à dilapider les biens et l'argent.

•

Quand lo potz es a sec,
Cadun sap lo prètz de l'aiga.
Quand le puits est à sec,
Chacun connaît le prix de l'eau.

•

Lenga polida
garda lo porta-moneda.
Langue polie
Garde le porte-monnaie.

L'argent qu'arrèiba per la pòrta,
Lo bon Diu lo pòrta.
L'argent qui arrive par la porte,
Le bon Dieu le porte.

•

Estacha pas son chan amb de saucissas.
Il n'attache pas son chien avec des saucisses.
Il fait des économies, voire il est pingre.

•

Sans argent,
Se chanta pas messa.
Sans argent,
Ne se chante pas la messe.
Tout travail, même dire la messe, mérite un salaire.

•

Totas las pèiras vau au curalhièr.
Toutes les pierres finissent au tas de pierres.
À Saint-Amant-Roche-Savine
comme dans d'autres lieux
du Puy-de-Dôme, d'aucuns savent
que les riches s'enrichissent
toujours plus.

•

Totjorn lo riche manja d'òr
E caga de plomb.
Toujours le riche avale de l'or
Et chie du plomb.

Quò's lo riche que fai lo colhon
E quò's lo paure que damanda perdon.
C'est le riche qui fait l'idiot
Et c'est le pauvre qui demande pardon.
Le riche aura toujours raison
face à plus pauvre ou plus humble que lui.

•

Aquò's d'argent bien plaçat !
C'est de l'argent bien placé !
Se dit ironiquement d'une dépense mal réfléchie
ou d'un achat qui s'avère inutile.

•

L'enveja de ganhar
Fai perdre.
L'envie de gagner
Fait perdre.
Si l'on veut trop miser, on risque de tout dilapider.
D'ailleurs, il est bien connu que:
Borsa de jogaire
A pas besonh de corejon.
Bourse de joueur
N'a pas besoin de cordon.

•

Per pagar e morir
Es totjorn pro matin.
Pour payer et mourir,
Il est toujours trop tôt.

Òme que bèu,
Totjorn dèu.
Homme qui boit,
Toujours doit.

•

Lo que despensa sans comptar
Manja son ben sans lo tastar.
Celui qui dépense sans compter
Mange son bien sans le goûter.

•

Un malur es jamai solet.
Un malheur n'est jamais seul.
Il faut s'attendre au pire car, après un malheur,
d'autres peuvent survenir.

Al jorn del Jujament,
Tant voldra mèrda qu'argent.
Au jour du Jugement,
Autant vaudra merde qu'argent.
et encore
Al jorn del Jujament,
Tan voldra mèrda coma onguent.
Le jour du Jugement,
La merde vaudra autant que l'onguent.
Quand on est mort, tout a la même valeur.

Lo mai riche del cementèri de devenir
A pas grand causa quò te pòt servir.
À devenir (l'homme) le plus riche du cimetière
Ne te servira pas à grand chose.
Se dit à propos de ceux qui, sans cesse,
font état de leur richesse.

ALIMENTATION ECONOMIQUE

Celui qui dépense sans compter

Mange son bien sans le goûter.

La maladie, la souffrance, le corps

Aquel que fai piu-piu,
Longtemps viu.
Celui qui fait piou-piou
Vit longtemps.

Faire «piu-piu» signifie se plaindre sans arrêt.
Ce n'est pas celui qui gémit sans cesse
qui est le plus malade.

•

Val mai un tot nèici,
Qu'un mitat nèici.
Il vaut mieux (avoir à faire à) un fou,
Qu'un moitié fou.

•

Mal de dent,
Mal d'amor.
Mal de dent,
Mal d'amour.

Dubes pas t'estonar
Tan que veses pas las tripas trainar.
Tu ne dois pas t'étonner
Tant que tu ne vois pas les boyaux traîner.

Il n'y a pas lieu de s'inquiéter
tant qu'il n'y a pas de réel danger.

•

Z'a totjorn pet o foira.
Il a toujours pet ou diarrhée.

Se dit de quelqu'un
qui est toujours malade

•

Jamai cuol frech
A fach bessina chalda.
Jamais cul froid
N'a fait un pet chaud.

Malgré la meilleure volonté,
on ne peut pas faire ce qui est impossible.

•

Aquel que z'a lo cuol foiros,
Jamai l'a de propre.
Celui qui a le cul foireux
Ne l'a jamais propre.

On ne change pas,
on ne se refait pas.

Plaisir et santé

Donnent la beauté.

De tous les médecins,
le temps est le plus fort
S'il ne guérit le mal,
il l'emporte.

Quand lo gendre codissa lo bèl-paire,
L'òm pòt se trobar plan gèinat.
Quand le gendre « chahute » le beau-père,
On peut se trouver très gêné.
Cette expression figurée s'utilise pour quelqu'un qui a très mal au ventre.

•

Parla a mon cuol,
Que la tèsta me dòl.
Parle à mon cul,
Car ma tête est malade.
Pourrait se remplacer par cette formule: « Tu peux toujours causer, je ne t'écoute pas ».

Se lo cuol te demanja,
Grata-lo.
Si le derrière te démange,
Gratte-le.
Si tu es trop excité, trop énervé, débrouille-toi pour te calmer. Les parents disaient souvent cela aux enfants qui faisaient des caprices.

•

Plaser e santat
Balhon la bèutat.
Plaisir et santé
Donnent la beauté.

•

Lo se pren al cuol
Per lo se metre al nas.
Il le prend à son cul
Pour se le mettre au nez.
Il trouve qu'il y a toujours quelque chose qui ne va pas.

•

Raumas de cuol dura sèt ans.
Rhume de cul dure sept ans.
Un bon conseil: il ne faut pas s'asseoir sur l'herbe mouillée !

Vira-te coma vòls,
Ton cuol es totjorn darrièrs.
Tourne-toi comme tu veux,
Ton cul est toujours derrière.
On est comme on est,
pourquoi vouloir changer…

•

Quand lo Diable n'a pro fach,
Deven ermita.
Quand le Diable en a assez fait,
Il devient ermite.
Chacun sait que le plus terrible des coureurs
de jupons se calme un jour.

Es malaute coma un chan.
Il est malade comme un chien.
À propos d'une personne très malade.

•

Podra jamai sortir de per las pilhas.
Il ne pourra jamais sortir des chiffons.
«Las pilhas : chiffons» signifient ici les draps. Il est tellement paresseux qu'il ne pourra pas se lever.

•

Partida la dent brechuda,
Partida la dolor.
Partie la dent abimée,
Partie la douleur.

•

Lo que jamai bessina o peta,
Bien lèu espeta.
Celui qui ne pète jamais,
Bientôt éclate.

•

Vau pro mai de faire d'enveja
Que de faire pidat.
Il vaut mieux faire envie
Que faire pitié.

Vieux ou vieille de cent ans
Apprend toujours.

Lo que se grata quand quò li demanja fòrt,
A degus fai de tòrt.
Celui qui se gratte quand ça le démange fort,
Ne fait tort à personne.

L'aiga bulida
Sauva la vida.
L'eau bouillie
Sauve la vie.

«L'aiga bulida» est une soupe réalisée avec du lait, du pain trempé et de l'ail. Considée comme remède miracle, elle était utilisée pour guérir tous les maux.

•

Lo pan ganhat
Profita a la santat.
Le pain gagné
Profite à la santé.

•

Quelh que vòl garir,
Diu dire son mal.
Celui qui veut guérir,
Doit dire son mal.

•

A tròp faire petar la tèsta per una paret,
Se tapa mai d'un cacau.
À trop cogner sa tête contre un mur,
Il ne vient que des bosses.

Se dit de quelqu'un qui déprime, qui est désespéré.

Vin sur lach
Fai santat ;
Lach sur vin
Fai morir.
Vin sur lait
Donne la santé;
Lait sur vin
Fait mourir.

D'après les savoirs populaires, on peut boire du vin après avoir consommé du lait. En revanche, il est fortement déconseillé d'avaler du lait juste après avoir bu du vin. Reste à prouver si scientifiquement cela a été vérifié…

•

Te'n faches pas,
Las tripas sortiran pas per ati!
Ne t'en fais pas,
Les tripes ne sortiront pas par là!

Cette expression est souvent utilisée en Auvergne pour se moquer des personnes qui ont une petite blessure et qui se lamentent à n'en plus finir.

•

Tot çò que bolega
Tòmba pas.
Tout ce qui bouge
Ne tombe pas.

Tant qu'il y a de la vie, il y a de l'espoir.

La vieillesse, la mort et son univers...

Lo temps que passa fai virar
la ròda de la vida
Coma l'aiga aquela del molin.
Le temps qui passe fait tourner
la roue de la vie
Comme l'eau celle du moulin.

•

Le monde parlon, l'aiga corre,
L'aura bufa e l'atge s'escorre.
Les gens parlent, l'eau coule,
Le vent souffle et l'âge s'écoule.
C'est ainsi, c'est inéluctable, c'est la vie !

•

Çò que s'apren dins la joinessa
S'embluda pas dins la vièlhessa.
Ce qui s'apprend dans la jeunesse
Ne s'oublie pas dans la vieillesse.

Une variante signale:
Lo pan de la vièlhessa
Es pastijat dins la joinèssa.
Le pain de la jeunesse
Est pétri durant la jeunesse.

•

Vièlh o vièlha de cent ans
Totjorn apren.
Vieux ou vieille de cent ans
Apprend toujours.
Quel que soit son âge,
on continue à apprendre.

•

Chal naisser per èstre genton,
Se maridar per èstre riche,
Morir per èstre brave.
Il faut naître pour être beau,
Se marier pour être riche,
Mourir pour être brave.
Les différentes étapes de la vie sont marquées
par divers compliments ou éloges.

Un enterrement
Vaut une bonne foire.

...le temps qui passe.

A un uèlh qui gaita San-Flor
E l'autre lo Miejorn.
Il a un œil qui regarde Saint-Flour
Et l'autre le Midi.
Concerne les personnes atteintes d'un strabisme important. Dans l'Artense, on dit:
A un uèl qu'agaita vès Bòrt
e l'altre vès Sanha.
Il a un œil qui regarde vers Bort-les-Orgues
et l'autre vers Saignes.

•

Per plan far,
Se cal pausar abans d'èstre lasse.
Pour bien faire,
Il faut se reposer avant d'être fatigué.
S'utilise dans le sud du Cantal.
On retrouve ce proverbe dans le nord de l'Aveyron.

Pour bien faire,
il faut se reposer
avant d'être fatigué.

Lo chal menar coma una nòvia a la glèisa.
Il faut le conduire comme une mariée à l'église.
En raison de son âge et de ses difficultés à marcher, il faut le conduire doucement, sans le brusquer.

•

Lo paure, es a la fin del chamin.
Le pauvre, il est à la fin du chemin.
Se dit de quelqu'un qui est prêt à mourir.

•

A lòng chamin,
Faisson pese.
À long chemin,
(Même) petit fardeau pèse.
Sur une longue distance, quand il est chargé, même le plus fort des hommes souffre.

•

Al maridatge e a la mòrt,
Lo diable fai gròs esfòrç.
Lors du mariage et lors de la mort,
Le diable fait un gros effort.

•

Lo que manja plan e caga fòrt
Jamai n'a paur de la mòrt.
Celui qui mange bien et «cague» fort
N'a jamais peur de la mort.

Sans sal e sans levan,
Òme viuria cent ans.
Sans sel et sans levain,
Homme vivrait cent ans.

Est-ce vraiment prouvé scientifiquement ?
En tout cas, la sagesse populaire le dit.

Ail le soir, oignon le matin,
C'est le malheur du médecin.

Quò me fai possar lai dents
ma la pia d'un bigos.
Cela me fait pousser les dents comme
les piques recourbées d'une fourche à fumier.

Cette expression imagée s'emploie
pour affirmer que ce que l'on croque est amer,
acide ou a très mauvais goût.

•

Una poma al despartin
Fai partir lo medecin.
Une pomme au casse-croûte
Évite le docteur.

Les vertus de la pomme ne sont plus à prouver.
On trouve aussi :

Aprèssa la sopa, un pauc de vin,
Tira un escut al medicin.
Après la soupe, un peu de vin,
Enlève un écu au médecin.

Boire du vin (avec modération!) permet d'être moins malade. Dans bon nombre de familles auvergnates, les hommes «faisaient chabrot». Ils gardaient un peu de soupe au fond de l'assiette, l'allongeait d'un demi-verre de vin rouge et buvaient ce mélange à petites gorgées, sans oublier, à la fin, de faire claquer la langue.

•

Se pòt pas radrèiçar un bossut,
Ni mai desencornar un cocut.
On ne peut pas redresser un bossu,
Ni même désencorner un cocu.

•

Lo mal arrèiba a chaval e se'n tòrna a pè.
La maladie arrive à cheval et s'en retourne à pied.

On est plus vite malade que guéri.

•

Quand tu prendras la canna,
Ieu taparai lo baston.
Quand toi tu prendras la canne,
Moi, je prendrai le bâton.

Pour dire que l'on a le même âge,
donc pratiquement les mêmes soucis de santé.

Aimer et ne pas être aimé,
Attendre et ne rien voir venir,
Être au lit et ne pas pouvoir dormir,
Sont trois maux qui font mourir.

Aimar e pas èstre aimat,
Esperar e pas vèire venir,
Estre al lèit e pas pogure durmir,
Son tres mals a faire morir.
Aimer et ne pas être aimé,
Attendre et ne rien voir venir,
Être au lit et ne pas pouvoir dormir,
Sont trois maux qui font mourir.

•

Un òme dabant de morir
Pòt pas èstre al forn e al molin.
Un homme avant de mourir
Ne peut pas être au four et au moulin.
Quelle qu'en soit la raison, on ne peut pas faire plusieurs tâches à la fois si on veut les effectuer correctement.

•

I a un brave moment
que lo nas i raja pas plus.
Il y a un sacré moment
que le nez ne lui coule plus.
Il est mort depuis longtemps.

Entarament
Val bona fièira.
Un enterrement
Vaut une bonne foire.
Au moins on n'y fait pas de mauvaises affaires. Dans certains départements de l'Ouest de la France, on dit que «les foires sont faites pour se faire voler».

•

Chal pas se despolhar
Dabant de s'anar jaire.
Il ne faut pas se dévêtir
Avant d'entrer dans le lit.
Il ne faut pas laisser tous ses biens à son héritier. Il est plus prudent de garder quelques réserves. Dans le même esprit, on trouve également les deux proverbes :
Chal jamai se despolhar
Dabant de s'ajassar.
Il ne faut jamais se déshabiller
Avant de se coucher.

•

Aquel que se despolha avant de morir
Merita de patir.
Celui qui se déshabille avant de mourir
Mérite de souffrir.

Dòl de femna mòrta
Dura pas que jusqu'à la pòrta.
Le deuil pour une femme morte
Ne dure que jusqu'à la porte.

Comme on dit en Auvergne,
avant que « l'épouse ne soit froide »,
le mari veuf pense déjà
à une autre compagne.

•

Val mai bessinar (petar) en familha
Que crebar tot solet.
Mieux vaut péter en famille
Que mourir tout seul.

Ce proverbe a un double sens. En langue d'oc
« petar » signifie « faire un pet » ou « mourir ».
En revanche « bessinar » ne veut dire que « péter ».
Lors des recherches nous avons trouvé
les deux versions.

•

Rises pas de mon dòl,
quand lo mieu s'achabara,
Lo tieu atacara.
Ne ris pas de mon deuil,
quand le mien finira
Le tien commencera.

A mai de vicis
Qu'un curat de beneficis.
Il a plus de vices
Qu'un curé de bénéfices.

Se dit d'une personne roublarde.

•

Quand un vièlh fai l'amor
La mòrt ròda a l'entorn.
Quand un vieux fait l'amour
La mort rôde aux alentours.

•

Pèita que pèitaras
Un jorn o l'autre i petaras.
À force d'attendre
Un jour ou l'autre, tu y « pèteras ».

Autrement dit, tu mourras.

•

De mai la sopa es grassa,
De mai lo testament es maigre.
Plus la cuisine est grasse,
Plus le testament est maigre.

Parfois, ceux qui vivent grassement
laissent peu à leurs héritiers.

Le comportement, les attitudes

Parla a mon cuol
Que ma tèsta me dòl.
Parle à mon cul,
Ma tête me fait mal.
On dit cela quand le discours entendu n'a aucune valeur et que l'on se moque de ces propos.

•

Dins tot pais,
Quaranta cuèissas fau vint cuols.
Dans tout pays,
Quarante cuisses font vingt culs.
On a beau dire, on a beau faire, la réalité est ce qu'elle est et rien ne peut la changer.

La mèrda cagada
Fai pas mal al ventre.
La merde chiée
Ne fait pas mal au ventre.
Celui qui avoue ses fautes se sent mieux après.

•

Bon Diu de glèisa,
Soent Diable a l'ostal.
Bon Dieu d'église,
Souvent Diable à la maison.
Attribué aux personnes qui fréquentent beaucoup l'église mais qui, par ailleurs, n'ont pas un comportement de «bon chrétien».

•

A bogre ! A fotre ! Quò's pas un pecat,
Quò's los mots de Monsur lo Curat.
Ah bougre! Ah foutre! Ce n'est pas un pêché,
Ce sont les mots de Monsieur le Curé.
Si les gens d'église prononcent ces mots, chacun peut les prononcer sans complexe.

•

De bona ora a la messa
Mes tard a la batalha.
De bonne heure à la messe
Mais tard à la bataille.
Il ne faut jamais se presser pour les mauvaises choses.

A fòrça d'assajar los esclops,
Ne'n fas petar la bata.
À force d'essayer les sabots,
Tu en fais craquer la semelle.
Il ne faut pas toujours être indécis.

•

A força de tròp embarar,
Quò empacha de levar.
À force de trop entraver,
Cela empêche de lever.
À utiliser dans le sens
«il veut péter plus haut que son cul»,
il est prétentieux.

•

Cadun vèi miejorn a sa pòrta.
Chacun voit midi à sa porte.
Chacun voit les événements à sa façon.

•

Cada nèici a son sens.
Chaque fou a son bon sens.
Il faut éviter l'intolérance.

•

Bon e bèstia
Commencon per la mèma letra.
Bon et bête
Commencent par la même lettre.

À force de trop entraver,
Cela empêche de lever.

Sias bèstia coma una coeta qu'a pas servit.
Tu es bête comme une queue qui n'a pas servi.
Cette expression triviale doit être utilisée seulement lorsqu'on est très, très, très en colère.

•

Se ase sias nascut,
Caval jamai seras.
Si âne tu es né,
Cheval jamais tu ne seras.
Celui qui est bête n'évoluera jamais.

•

Plan dire
Fa rire.
Plan faire
Fa taire.
Bien dire
Fait rire,
Bien faire
Fait taire.
Ce proverbe recueilli à Montsalvy (Cantal) montre que rien ne remplace la qualité d'un travail.

A force d'essayer les sabots,
Tu en fais craquer la semelle.

I balhariatz una pèira,
Voldria una paret.
Vous lui donneriez une pierre,
Il voudrait un mur entier.
Se dit au sujet des personnes avides.

•

Lo que vòl petar pus nalt que son cuol
Se fa un trauc a l'esquina.
Celui qui veut péter plus haut que son cul
Se fait un trou dans le dos.
Se dit aux personnes prétentieuses ou arrogantes.

•

Val mai èstre gaitat per un chan galos
Que per un òme curios.
Il vaut mieux être regardé par un chien galeux
Que par un homme curieux.

•

Se vestissètz un baston,
Semblara a un baron.
Si vous habillez un bâton,
Il ressemblera à un baron.
D'autres ont dit «L'habit ne fait pas le moine...».

•

Jamai una pèira sangaras.
Jamais tu n'arriveras à saigner une pierre.
S'utilise pour montrer une impossibilité.

Fot lo camp coma un estrònh
dins una chanal.
Il s'en va comme une crotte
dans un chéneau, une gouttière.
Il n'est pas courageux, c'est un vrai couard.

•

Aquò li fai coma una crotz dabant un mòrt.
Cela lui fait autant d'effet
qu'une croix devant un mort.
Pour parler d'une personne insensible
ou imperturbable.

•

Tot ço que chanta
Es pas messa benejida.
Tout ce qu'il chante
N'est pas messe bénie.
Il ne dit pas que des vérités.

•

As bòn dire e faire
Jamai mònta l'aiga.
Tu as beau dire et faire
Jamais l'eau ne monte.
En français populaire, on dirait
« Cause toujours, tu m'intéresses ! »

LE TEMPS EST PÈRE DES MIRACLES.

Feu de canaille
Feu de paille.

Totas aquelas causas,
Aquò sab mal.
Toutes ces choses,
ça « sait » mal.
Ce qui est dit ne fait pas plaisir, chagrine même.

•

Un còp de man val mai qu'un còp de pé.
Un coup de main
vaut mieux qu'un coup de pied.
L'entraide est préférable au châtiment.

•

Estre coma lo det e l'ongla.
Être comme le doigt et l'ongle.
Se dit de deux personnes très proches, très intimes.

•

Lo pus fòrt a totjorn rason.
Le plus fort a toujours raison.
C'est lui qui aura le dernier mot
au cours d'une discussion.

Val mai aver afare en son cotèl
qu'en son chapelet.
Mieux vaut avoir à faire à son couteau
qu'à son chapelet.
On parle ainsi d'une personne
qui n'inspire pas confiance.

•

Pas res faire,
Quò's aprener a mal faire.
Ne rien faire,
C'est apprendre à mal faire.
Certains ont bien dit
que «l'oisiveté est mère de tous les vices».

•

Malin aquel que fai,
Colhon aquel que dis.
Malin celui qui fait,
Couillon celui qui dit.
Il faut faire et laisser dire.

•

Tot çò que se pensa
Dèu pas se dire.
Tout ce qui se pense
Ne doit pas être dit.
C'est bien connu: il faut tourner
sept fois sa langue, etc, etc...

Caput forçat,
Lo sac a jamai portat.
Têtu forcé,
Le sac n'a jamais porté.
Quelles que soient les méthodes employées,
on ne changera pas les idées d'un entêté.

•

Quand arrèiba la glòria,
Fot lo camp la memòria.
Quand arrive la gloire,
La mémoire s'éclipse.
Lorsqu'on devient connu,
on a tendance à oublier les amis.

•

Totjorn dabant Madama,
La fuònt pissa sens vregonja.
Toujours devant Madame,
La fontaine pisse sans honte.
Malgré un sous-entendu coquin,
il faut simplement comprendre que personne
n'arrête le cours des choses.

•

Lo que z'a mechant ranom,
A mitat fotut a son nom.
Celui qui a méchant renom,
A son nom a moitié fichu.

Lo bon sens
Ven pas dabant lo tems.
Le bon sens
Ne vient pas avant le temps.
Il faut vieillir pour être raisonnable.

•

Que tròp ne'n fai,
A Diu desplai.
Celui qui en fait trop,
À Dieu déplait.

•

Carèssa de chan balha de nèiras.
Caresse de chien donne des puces.
Il faut se méfier des gens trop mielleux.

•

Lenga de femna e coeta de chan,
Quò marcha totjorn plan.
Langue de femme et queue de chien
Marchent toujours bien.
Il ne faut pas accorder plus d'importance aux ragots féminins qu'au frétillement de la queue d'un chien.

Celui qui parle peu
Entend mieux.

Los volurs se raubon pas entre z'elses.
Les voleurs ne se volent pas entre eux.
Bruit de canaille,
Feu de paille.
Les paroles prononcées par les «mauvaises gens» ne sont jamais vraiment écoutées.

•

Z'as pro a gachar
çò que possa dins ton champ
Sans anar vèire
çò que possa dins lo champ del vesin.
Tu as assez à surveiller ce qui pousse
dans ton champ
Sans aller voir ce qui pousse
dans le champ du voisin.
Une variante dit:
Gaitaras çò que cuèi dins ton pairòl
Dabant de gaitar çò que cuèi
dins aquel de la vesina.
Tu regarderas ce qui cuit dans ton chaudron
Avant de regarder ce qui cuit
dans celui de la voisine.
Il vaut mieux s'occuper de ses propres affaires plutôt que de s'occuper de celles des autres.

Le bon sens
Ne vient pas avant le temps.

Caga pas al lèit lo matin.
Il ne chie pas au lit le matin.
Il se lève très tôt.

•

Ne planaras pas la Diuranda.
Tu n'aplaniras pas la Durande.
D'une altitude de 1299 mètres et située près de Siaugues-Sainte-Marie, la Durande est un volcan de la chaîne du Devès en Haute-Loire. Ce proverbe est utilisé au sujet d'un homme prétentieux.

•

Chal se mesfisar de l'aiga que duèrm.
Il faut se méfier de l'eau qui dort.
Se dit souvent au sujet des jeunes filles qui paraissent très réservées mais qui, en réalité, sont bien autrement. Ce proverbe est également employé pour mettre en garde contre les gens qui causent peu.

•

Bon Diu de charèiral,
Diable a l'ostal.
Bon Dieu dans le chemin,
Diable à la maison.
Outre des jeunes filles réservées, il faut aussi se méfier des gens qui paraissent très bien dans la vie publique mais qui sont de véritables tyrans arrivés chez eux.

Bona orelha val mai que lenga de bòba.
Bonne oreille vaut mieux que langue de vipère.
L'écoute est préférable aux commérages.

•

Quand una messonja s'escampilha,
Ne pòt l'arestar ni corda, ni pilha.
Quand un mensonge se répand,
Ni corde, ni chiffon ne peut le retenir.

•

Las messonjas embarasson las charèiras.
Les mensonges encombrent les chemins.
Partout, les mensonges sont présents.

•

Un messongier ne'n fa cent.
Un menteur en fait cent.
Ainsi s'amplifie la rumeur.

•

I a pas de mocaire
Que tròba pas son estiflaire.
Il n'y a pas de moqueur
Qui ne trouve pas son siffleur.
Un jour ou l'autre,
le moqueur se fait remettre en place.

Tot mocaire
A pro a faire
E tot cagaire
A pro a s'essunhar.
Tout moqueur
À assez à faire
Et tout «chieur»
A assez à faire à s'essuyer.

•

Lenga de bèstia a pas jamai mentit.
La langue d'un simple d'esprit
n'a jamais menti.
Une variante existe dans le Cantal:
«Lenga de nèici a pas jamai mentit» signifiant
«Langue de fou n'a jamais menti».

•

Lenga muda
Es pas estada batuda.
Langue muette
N'a jamais été battue.
Il vaut mieux ne pas parler.

•

Aquel que ten sa lenga,
Ten aquela dèlhs autres.
Celui qui tient sa langue,
Tient celle des autres.
Celui qui parle peu évite les commérages d'autrui.

Qual lenga a,
A Ròma va.
Celui qui a une langue,
À Rome va.
La personne qui sait se servir de sa langue
se débrouille toujours.

•

Es coma Santa-Margarita
Vai a la messa quand es dita.
Elle est comme Sainte-Marguerite,
Elle va à la messe quand elle est dite.
Elle est plutôt molassonne, peu entreprenante.

•

Se vèi lo bòn chamin
Quand lo charri es versat.
On voit le bon chemin
Quand le char à foin est versé.

•

Lo que chapla gaire,
Ausis melhor.
Celui qui parle peu,
Entend mieux.

•

Val mai èstre pete que con,
Quò dura mens de tems.
Il vaut mieux être saoul que con,
Cela dure moins de temps.

I a de chança que per la canalha.
Il n'y a de la chance que pour la canaille.

Quand on est malchanceux, on en veut aux autres en les qualifiant de « canailles ».

•

Fai de ben a Bertrand,
Te lo rendra en cagant.
Fais du bien à Bertrand,
Il te le rendra en chiant.

Celui qui fait le bien autour de lui n'est jamais récompensé, bien au contraire, il est plutôt critiqué.

•

Lo malur se trai totjorn sul pus mai vestit.
Le malheur tombe toujours
sur le plus mal habillé.

Le malheur frappe celui qui n'en a pas besoin, qui s'en passerait.

•

Per tot pais,
Jisònha i's.
Dans tous les pays,
La mésentente existe.

Celui qui a un bon voisin, a toujours un bon matin.

Fai pas res,
Amai a pro a faire.
Il ne fait rien,
Et pourtant il a assez à faire.
S'emploie pour parler d'un fainéant.

•

Es desgordit coma un plen panier d'aucèls.
Il est dégourdi comme
un plein panier d'oiseaux.
Il vaut mieux ne pas avoir besoin de lui
pour travailler.

•

Aquel que z'a bon vesin,
A totjorn bòn matin.
Celui qui a un bon voisin,
A toujours un bon matin.
Les bonnes relations de voisinage
facilitent le quotidien.

•

Val mai bòn vesin
Que fotut cosin.
Il vaut mieux un bon voisin
Qu'un fichu cousin.

Aital vai lo monde,
Aquel que sap pas nadar, s'enneja.
Ainsi va le monde,
Celui qui ne sait pas nager, coule.

•

Mieux que tant de «pechaire»
Vaut mieux encore un bon «fotre».
Plutôt que des lamentations,
mieux vaut un bon juron.

•

Coma faras,
Trobaras.
Comme tu feras,
Tu trouveras.
À chacun ses responsabilités.

•

Per una nèira trobada,
Bota pas lo lençol a la bujada.
Pour une puce trouvée,
Ne mets pas le drap à la lessive.
Ce n'est pas parce qu'un soucis te tracasse
que tu dois alerter tout le pays.

Se pòdes pas passar pel pònt
Passa per l'aiga.
Si tu ne peux pas sur le pont,
Passe par l'eau (la rivière).
Si tu n'arrives pas à effectuer une tâche, essaie autrement.

•

Eschaudilha coma un pòrc
qu'entra en pesèira.
Il écoute comme un cochon qui entre
dans un champ de pois.
Il ne veut rien écouter. Le cochon qui découvre les pois s'en goinfre jusqu'à plus faim et rien ne peut le dissuader.

•

Dis çò que sab,
Mes sab pas çò que dis.
Il dit ce qu'il sait,
Mais il ne sait pas ce qu'il dit.

•

Lo qu'escupis al vent,
Quò li tòrna pel nas.
Celui qui crache au vent,
Le crachat lui revient sur le nez.
Les insultes se retournent toujours contre celui qui les a proférées.

La nourriture, les repas, les loisirs

Tot fa ventre
Se quò i dintra.
Tout fait ventre
Si ça y rentre.
Il ne faut pas être difficile dans le choix de sa nourriture car tous les aliments ont un intérêt.

•

Coma es facha la sopa,
Se biu lo bolhon.
Comme est faite la soupe,
Se boit le bouillon.

Ont i a de pan, de vianda e de vin,
Lo rei i pòt venir.
Où il y a du pain, de la viande et du vin,
Le roi peut aller.
Une maison est accueillante si l'on peut y manger.

•

Un morcèl bien partajat
Fai de mal a degus.
Un morceau bien partagé
Ne fait de mal à personne.
Preuve de l'hospitalité auvergnate.

Bona sirventa e bon vin,
Jamai pèrdon lor partit.
Bonne servante et bon vin,
Ne perdent jamais leur parti.
Il y a toujours une bonne place
pour eux dans la maison.

•

Sirventa de curat
Manja micha prumièira.
Servante de curé
Mange la miche la première.
Elle est bien nourrie
car c'est elle qui prépare les repas.

Celui qui se lève tard trouve la soupe froide.

Badalhar sap pas mentir,
Vòl manjar o durmir.
Bâiller ne sait pas mentir,
Il veut manger ou dormir.

•

Entre manjar et se gratar,
Sufis d'atacar.
Entre manger et se gratter,
Il suffit de commencer.
Il n'y a que le premier pas qui compte.

De la man a la bocha
Pro soent se pèrd la sopa.
De la main à la bouche,
Souvent se perd la soupe.

•

Los lençols chalds fau manjar la sopa freda.
Les draps chauds font manger la soupe froide.
On ne peut pas être au lit et à table à la fois.
Il faut donc choisir entre sa maîtresse et… la soupe.

Lo que se lèva tard
Tròba la sopa frida.
Celui qui se lève tard
Trouve la soupe froide.

Dans certaines communes auvergnates, on trouve :
Que pèita, dina tard.
Qui attend, dîne tard.

•

Se vòls pas gardar las trufas,
Garda al mens la padèla.
Si tu ne veux pas garder les pommes de terre,
Garde au moins la poële.

Quelle que soit ta situation,
conserve le principal qui peut resservir.

•

Vianda tròp rança,
Mièja pitança.
Viande trop rance,
Demi-pitance.

Quand le lard devenait trop rance, il était difficilement mangeable... même dans une potée. Le repas terminé, l'on repartait avec la faim.

•

La guela lhi fuma.
La gueule lui fume.

Variante de Neuvéglise (Cantal).

La guela li fai tifò-tifa.

On emploie ce propos au sujet de quelqu'un très gourmand, toujours tenté par un plat.

•

Aici lo Diable es dins lo tirador.
Ici le Diable est dans le tiroir.

Se dit pour parler de la pauvreté d'une famille.

Châtaigne chaude
Celui qui en mange se brûle.

Lo tems sans tampatge
Balha vièlh fromatge.
Le temps (qui passe) sans bruit
Permet d'avoir du fromage vieux.

•

Cava dubèrta,
Rend ivrònha lo melhor dèlhs òmes.
Cave ouverte,
Rend ivrogne le meilleur des hommes.
La tentation se niche partout.

•

Lo vin esparnha lo pan.
Le vin épargne le pain.
Celui qui boit ne mange guère.

•

Lo que pèrd son cotèl,
Pèrd tanben son chantèl.
Celui qui perd son couteau,
Perd aussi son morceau de pain.
Suivant les lieux, on trouve parfois le mot « morcèl » (morceau) à la place de « chantèl ».

•

Morcèl embucat
A pus de gost.
Morceau avalé
N'a plus de goût.

Chal manjar per viure,
Se forçar per faire un pet,
Urosament que per biure,
I a pas besonh d'agure set.
Il faut manger pour vivre,
Se forcer pour péter,
Heureusement pour boire,
Il n'est pas nécessaire d'avoir soif.

•

A, me semble que ne'n taste !
Ah, il me semble que j'en goûte !
Expression pour indiquer une grande envie.

•

Il est gonflé comme un taon.

Se dit de quelqu'un qui a énormément mangé, à l'image du taon qui se goinfre du sang des bovins. Dans la même veine, on trouve :
Es pete coma un aucon.
Il est gonflé (gavé) comme un oison.

•

Ventre plen dansa melhor que rauba nova.
Ventre plein danse mieux que robe neuve.

La panse
Mène la danse.

•

Granda fam e granda set
Te menon totjorn al cabaret.
Une grande faim et une grande soif
te conduisent toujours vers l'auberge.
À rapprocher de «Tous les chemins mènent à Rome»

•

Vin bochonat
Val pas d'aiga.
Le vin à l'odeur de bouchon
Ne vaut même pas de l'eau.

•

Un morcèl bien partajat
Fai de mau bei degus.
Un morceau bien partagé
Ne nuit à personne.
S'applique aussi bien à la nourriture qu'à des biens terriens.

•

Cap de tala, ventre de lop,
Jamai non seras-tu sadol.
Chef de tablée, ventre de loup,
Jamais tu ne seras rassasié.
Ce proverbe s'applique à ceux qui en veulent toujours plus.

Vau mèlh manjar dos còps que pas ges.
Il vaut mieux manger deux fois que pas du tout.

•

Se conflar a se'n faire petar la sosventrièira.
Se goinfrer à s'en faire éclater la panse.
Se dit lorsqu'on a fait un très gros repas.

•

Lo que z'a vianda e pan,
Pòt esperar lo lendeman.
Celui qui a de la viande et du pain,
Peut attendre le lendemain.

•

Vièlha carna
Fai bòna sopa.
Vieille viande
Fait de la bonne soupe.

•

Tròp de cuisinièiras
Gaston las sauças.
Trop de cuisinières
Gâtent les sauces.
Lorsqu'il y a trop de personnes pour un travail, ce dernier n'est pas réalisé correctement.

•

Lo rèi dina pas dos còps.
Le roi ne soupe pas deux fois.
Il faut donc être à l'heure.

La fam es la melhora cusinièira.
La faim est la meilleure cuisinière.
Lorsqu'on a faim, peu importe le contenu de l'assiette. On a coutume de dire alors «que tot fai ventre», que tout fait ventre.

Quand la fam pica,
Es bona la mica.
Lorsque la faim tenaille,
La mie est bonne.

•

Ballaria pas tres cacaus per un peron.
Il ne donnerait pas trois œufs
en échange d'une petite poire.
On utile ce précepte pour parler d'un avare. Toujours dans le même ordre d'idée, au sujet d'une personne «raspia», autrement dit pingre:
Es vrement pas òme a entrabar
un chan amé de saucissas.
Il n'est vraiment pas homme
à embarrasser un chien avec des saucisses.

La panse
mène la danse.

Aquel que ten lo cotèl
Còpa lo morcèl.
Celui qui tient le couteau,
Coupe le morceau.

•

A cargat la monina.
Il a attrapé une «cuite».
Il est saoul, il a trop bu.

•

Pas tantes de Monsur
Mas un pauc mai de lard dins l'ola.
Pas autant de Monsieur
Mais un peu plus de lard dans la marmite.
Les employés de la ferme qui ne mangeaient pas toujours à leur faim disaient cela pour parler de leur maître. En fait, mieux vaut un peu plus à manger que trop de politesses qui, c'est bien connu, ne nourrissent pas vraiment.

•

Après la sopa un còp de vin
Quò es lo melhor medecin.
Après la soupe un coup de vin
Est le meilleur des médecins.
Dans nos campagnes auvergnates, le vin consommé avec modération est réputé pour apporter la santé.

Ventre confle,
Jamai cèrca jisònha.
Ventre gavé
Jamais ne cherche la bagarre.

•

Entre Nadal e Pentacosta
Tot dessert es una crosta.
Entre Noël et Pentecôte,
Tout dessert est une croûte.
Entre ces deux fêtes, il convient de faire attention à la consommation de nourriture car l'hiver peut être source de disette.

Lo pan dur
Ten l'ostal segur.
Le pain dur
Tient la maison sûre.

Tant qu'il y a du pain, la famille peut vivre.

•

Val mai una crosta de pan
Qu'una lèbre que corre.
Il vaut mieux une croûte de pain
Qu'un lièvre qui court.

Au moins avec la croûte de pain, on peut manger. Le lièvre, lui, il faut d'abord le tuer avant de l'avoir dans l'assiette. À rapprocher donc de «Mieux vaut tenir que courir»

Coma faras la sopa,
Biuras lo bolhon.
Comme tu feras la soupe,
Tu boiras le bouillon.

•

Chastanha chalda
Lo que ne'n manja se'n eschalda.
Châtaigne chaude
Celui qui en mange se brûle.

LORSQUE LA FAIM TENAILLE, LA MIE EST BONNE.

S'ausava, vos tiraria lo pan de la bocha.
S'il osait, il vous enlèverait le pain de la bouche.

S'attribue aux personnes qui veulent tout posséder.

•

Per biure de bona aiga,
Chald 'nar vès la bona fònt.
Pour boire de l'eau bonne,
Il faut aller vers la bonne fontaine.

Al lèit ! La palha a fret
E las nèiras aun set.
Au lit ! La palha a froid
Et les puces ont soif.

Lors des veillées, quand arrivait l'heure de se séparer, le maître de l'ostal disait cette formulette. Sur le Nord-Cantal et le sud du Puy-de-Dôme, fatigués par la soirée passée entre voisins, les anciens disaient:
Anem vèire se la Barrada z'a fait lo vedèl.
Allons voir si la Barrade (nom de vache) a fait le veau.

Crebar per crebar,
Mai val crebar de biure que de set.
Mourir pour mourir,
Il vaut mieux mourir de boire que de soif.

•

Gaitar la barica
Te dis pas se lo vin es bòn.
Regarder le tonneau
Ne te dis pas si le vin est bon.

Mieux vaut le goûter pour se faire une opinion.

•

Pas pete pete,
Mes un pauc contrariat.
Pas saoul saoul,
Mais un peu contrarié.

Se dit de quelqu'un qui a bu quelques verres.

Comme tu boiras la soupe,
Tu boiras le bouillon.

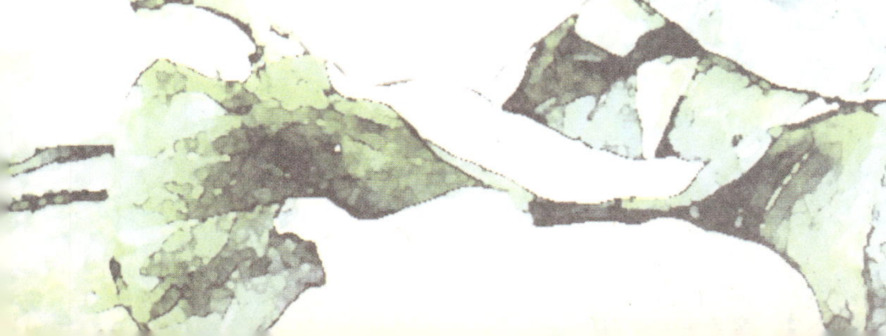

De drecha a gaucha,
Ome bandat mena l'aucha.
De droite à gauche,
Homme saôul conduit l'oie.

Titubant et contrôlant mal sa trajectoire, l'ivrogne fait penser au gardien d'oies qui doit aller dans tous les sens pour gérer son troupeau.

•

Lo vin es un bon vailet
Mes un fotut mèstre.
Le vin est un bon valet
Mais un mauvais maître.

•

Lo vin per bèure,
L'aiga per se lavar.
Le vin pour boire,
L'eau pour se laver.

Propos tenus par un «pilier de bar».

•

Me vas pas laissar marchar sus una chamba.
Tu ne vas pas me laisser marcher
sur une seule jambe.

Quelqu'un qui vient de boire un coup demande à être servi une deuxième fois.

Le vin est un bon valet, mais un mauvais maître.

Granda fam e granda set
Te menon totjorn al cabaret.
Une grande faim
et une grande soif
te conduisent
toujours vers l'auberge.

•

Vin bochonat
Val pas d'aiga.
Le vin à l'odeur
de bouchon
Ne vaut même
pas de l'eau.

•

Chopina de vin
Tira mai qu'un parelh de buous.
Chopine de vin
Tire plus qu'une paire de bœufs.

Le travail, les métiers

Dotze mestièrs,
Tretze misèras.
Douze métiers,
Treize misères.
Ceux qui ont trop d'activités
n'en font aucune correctement.

•

Un mestièr gasta pas l'autre.
Un métier ne pourrit, ne gêne pas l'autre.

•

Lo pus trace de mestièr
Noiris totjorn son òme.
Le plus fichu des métiers
Nourrit toujours son homme.

Quò's lo matin que se fai la jornada.
C'est le matin que se fait la journée.
Il vaut mieux être matinal
pour être efficace dans son travail.

•

Aquel que fai pas res se tròmpa jamai.
Celui qui ne fait rien ne se trompe jamais.

•

Fiala Margarida,
Se vòles anar vestida.
File la laine Marguerite,
Si tu veux aller bien habillée.
Il faut travailler pour réussir.

•

Fenhant e gormand
Fau pas de bon levan.
Fainéant et gourmand
Ne font pas de bon levain.
Le métier de boulanger
ne pardonne pas l'à peu près.

•

Fenhant, ivronhas e jogaire
Son bèstias que valon pas gaire.
Fainéant, ivrogne et joueur
Sont des bêtes qui ne valent pas grand-chose.

Paysan qui sème clair,
récolte épais ;
Paysan qui sème épais,
récolte clair.

Chassaire, pechaire e totes
los mestiers en « aire »
Aun bien pro a faire.

Chasseur, pêcheur et tous les métiers en « eur »
Ont bien assez à faire.

Ces métiers ne sont pas considérés comme de vrais métiers et donc, ils ne ramènent que peu d'argent à la maison.

Jamai trace d'obrier
A trobat bòn otils.
Jamais piètre ouvrier
N'a trouvé un bon outil.

•

Quò s'i conha coma lo det al cuol.
Ca y rentre comme le doigt dans le cul.
Cette formule triviale s'utilise quand,
avec un coin ou une hache,
le paysan fend du bois tendre.

•

Lo tems d'afialar
Se pèrd pas.
Le temps d'aiguiser
Ne se perd pas.
L'outil bien tranchant permettra
de gagner du temps par la suite.

•

Dins un tems o un autre,
Un pais val l'autre.
Dans un temps ou un autre,
Un pays vaut l'autre.
Quel que soit l'endroit où l'on se trouve,
il faut travailler pour vivre.

Tot merchand que dobla
Perd pas.
Tout marchand qui double
Ne perd pas.
Pour s'en sortir, un marchand
doit doubler ses bénéfices.

•

Lo melhor mestier,
Es aquel de rentier.
Le meilleur des métiers,
C'est celui de rentier.

•

Mai lo Diable amassa,
Mai vòl amassar.
Plus le Diable ramasse,
Plus il veut ramasser.
L'appât du gain mène à tout.

•

I a un tems per trabalhar
E un tems per chaplar.
Il y a un temps pour travailler
Et un temps pour discuter.
Celui qui parle en travaillant est bien peu efficace.

•

La fièira chabada, se còmpta los bosasses.
La foire terminée, on compte les bouses.

De mai sias prèissat,
De mai sias entrabat.
Plus tu es pressé,
Plus tu es embarrassé.
Les empêchements surviennent toujours à l'improviste.

•

Novèl rèi,
Novèla lèi.
Nouveau roi,
Nouvelle loi.
Chacun veut laisser sa trace.

•

Lo petassaire e lo medicin,
Lo mal d'amor pòdon pas garir.
Le rebouteux et le médecin,
Le mal d'amour ne peuvent pas guérir.
Recueilli sur la zone cantalienne de l'Aubrac, ce proverbe dépasse largement, par sa vérité, les limites géographiques de ce territoire.

•

I a res de mai valhant sus tèrra,
Qu'un fenhant en colèra.
Il n'y a rien de plus courageux sur terre,
Qu'un fainéant en colère.

Val mai èstre darrièr un cagaire,
Que darrièr un pessaire.
Mieux vaut être derrière quelqu'un qui fait ses besoins
Que derrière un casseur de pierres.
Sans commentaire!
A Neuvéglise, on trouve une autre activité aux éclats dangereux:
Val mai èstre darrièr un cagaire,
Que darrièr un espessaire.
Mieux vaut être derrière quelqu'un qui fait ses besoins
Que derrière un fendeur de bûches.

•

Del vailet que deven mèstre,
Lo Diable n'es pas mèstre.
Du valet qui devient maître,
Le Diable n'en est pas maître.
Un domestique qui acquiert des pouvoirs est souvert très dur envers les autres.

•

Donar, còpa la venta.
Donner, coupe la vente.
Il ne faut pas être trop généreux sinon on ne peut pas faire fortune.

La journée se fait le matin.

Chas lo clujaire,
Totjorn i plèu.
Chez le couvreur de chaume,
Il y pleut toujours.
ou
L'esclopier traina totjorn trace d'esclòps.
Le sabotier traine toujours de mauvais sabots.
À rapprocher du proverbe français «Les cordonniers sont toujours les plus mal chaussés».

•

Un ussier dins un ostal,
Quò's un lop dins un tropèl.
Un huissier dans une maison,
C'est un loup dans un troupeau.
Il ne laisse pas grand-chose
après son passage.

AU MOULIN LE PREMIER,
À LA MEULE ÉGALEMENT LE PREMIER.

Amé n'abre de trèi, faria pas na taradura.
Avec un arbre (très grosse branche),
il ne ferait pas une petite pièce pour atteler.
Dans la région de Brioude, se dit de quelqu'un totalement incapable ou maladroit.

•

Al molin lo prumier,
A la mòla lo prumier.
Au moulin le premier,
À la meule également le premier.
Celui qui arrive en premier chez le meunier sera le premier à moudre son grain.

•

Lo molinier
Cura-granier,
Rauba lo blat
E dis que quò's lo rat.
Le meunier
Vide-grenier,
Vole le blé
Et dit que c'est le rat.
Souvent, à tort, les meuniers étaient accusés de voler une partie du grain que les paysans leur amenaient pour faire de la farine.

Molinier, farinier,
Rauba carton per setier.
Meunier, farinier,
Vole un carton par setier.

Le carton et le setier sont d'anciennnes mesures de capacité utilisées pour les céréales.

•

Lo que z'es al molin
Engrana prumier, aquel coquin !
Celui qui est au moulin
Prend le grain en premier, ce coquin !

Une fois encore, le meunier est accusé de se servir en premier.

•

Mèissant tems
Quand lo curat laura.
Mauvais temps
Quand le curé laboure.

À chacun son métier et tout ira bien.

Arrange-toi d'un mauvais maître
Par crainte d'en trouver un pire.

Lo que plan trabalha,
Manja la palha.
Lo que fa pas res,
Manja lo fen.
Celui qui travaille beaucoup,
Mange de la paille.
Celui qui ne fait rien,
Mange du foin.

Où l'on voit que ne rien faire est finalement plus intéressant que travailler.

•

Aprentit z'es pas mèstre.
Apprenti n'est pas maître.

Chacun doit assumer ses responsabilités.

•

Les pastres e les curats
naisson pas en tota luna.
Les bergers et les curés
ne naissent pas à toute lune.

•

Quand lo curat chanta,
Lo moena i respond.
Quand le curé chante,
Le moine y répond.

S'applique à celui qui répète bêtement ce que les autres disent.

Talhur,
Volur:
De quatre petaces,
Un ne'n panes.
Tailleur,
Voleur:
Sur quatre chiffons,
Tu en voles un.

Ceux qui ont eu à faire à ces artisans savent que ce dicton est totalement erroné.

Balha prossa còrda al raubaire
E solet se penjara, pechaire.
Donne assez de corde à un voleur
Et tout seul il se pendra.

•

Quand lo boier piula,
L'araire va plan.
Quand le bouvier siffle,
L'araire va bien.

Lors des labours, tout en conduisant son attelage, le bouvier sifflait. Quand on ne l'entendait pas, c'était signe de mauvaise humeur. Certains champs étaient emplis de pierres qui bloquaient le soc ou la «reille», d'où un gros effort à fournir pour tracer le sillon droit.

Val mai rastèl per fenar
Que prejarias a chantar.
Pour faner, il vaut mieux un râteau
Que des prières à chanter.
Un outil est plus utile au paysan que toutes les prières qu'il peut dire pour protéger son foin.

•

Cadun devira l'aiga dins son prat.
Chacun détourne l'eau dans son pré.
Se dit à propos de l'individualisme des personnes.

•

Val mièlh anar al molin
Que chas lo medecin.
Il vaut mieux aller au moulin
Que chez le médecin.
Il vaut mieux être en forme et pouvoir travailler que d'être malade.

•

Lo bon pastre fa lo bon aver.
Le bon berger fait le bon cheptel ovin.

•

Una dent que manca al rastèl
Empacha pas de rastelar.
Une dent manquant au râteau
N'empêche pas de râteler.
Il ne faut pas se décourager.

La prumièira annada
la sirventa del curat dis :
«Las polas de Monsur lo Curat»;
La seconda annada:
«Nòstras polas»
E la tresièma annada:
«Mas polas».
La première année, la servante du curé dit:
«Les poules de Monsieur le Curé»;
La deuxième année:
«Nos poules»
Et la troisième année:
«Mes poules».
En vieillissant, la servante prend ses aises et, peu à peu, s'approprie les biens de l'homme d'église. Cette expression a été recueillie à Saint-Just (Cantal).

•

I a pas de que ivernar un curat.
Il n'y a même pas assez pour hiverner un curé.
On emploie ce propos pour parler d'une petite perte.

•

Sèt moliniers, sèt tèissiers e sèt talhurs;
Comptatz bien: quò fai vint-a-un volurs.
Sept meuniers, sept tisserands
et sept tailleurs;
Comptez bien: cela fait
vingt-et-un voleurs.

Amé prossa mèrda,
A fait un trace d'estron.
Avec assez de merde,
Il a simplement fait une crotte.

Il n'a pas su tirer profit de la marchandise dont il disposait.

•

Quò vau pro mai un que sap
Que dètz que charchon.
Mieux vaut un qui sait
Que dix qui cherchent.

Ce proverbe a été recueilli en Haute-Loire.

•

Lo jorn es pas fach per durmir.
Le jour n'est pas fait pour dormir.

En sous-entendu, le jour est fait pour travailler.

•

A fach un pete de bòn tems.
Il (ou elle) s'est gonflé(e) de bon temps.

Il (ou elle) a totalement profité de la vie.

•

Deman fara jorn.
Demain il fera jour.

L'activité peut attendre le lendemain.

Petaçar
Fai durar.
Raccommoder
Fait durer.

À la campagne, la pauvreté obligeait les paysans à utiliser leurs habits jusqu'au bout. Les femmes raccommodaient et raccommodaient les vêtements tant qu'elles le pouvaient pour faire des économies. De toute façon :

Se petaças pas un trace de trauc,
En petaçaras de grands.
Si tu ne raccommodes pas un petit trou,
Tu en raccommoderas des grands.

•

Asega-te d'un mèstre mauvès,
De paur d'un trobar un pus trace.
Arrange-toi d'un mauvais maître,
Par crainte d'en trouver un pire.

On sait qui l'on quitte,
on ne sait pas qui on va trouver.

Mieux vaut un qui sait,

Aquel que balha lo conselh
Te balha pas l'ajuda.
Celui qui conseille,
Ne te t'apporte pas l'aide matérielle.
Coma chanta lo chapelan,
I respond lo sacristan.
Comme chante le curé,
Lui répond le sacristain.

•

A un bon maçon,
Tota pèira i fai chanton.
Pour un bon maçon,
Toute pierre peut servir d'angle.

•

Coma faras,
O trobaras.
Comme tu feras,
Tu trouveras.

Les apprentis entendent souvent celà de la part de leurs formateurs pour les inciter à s'appliquer dans leur besogne.

que dix qui cherchent.

La maison, le bâti

Lo melhor ostal d'Auvèrnha
Zo es devengut per l'esparnha.
La meilleure maison d'Auvergne
L'est devenue grâce à l'épargne.
C'est sûrement pour cette raison qu'il est habituel de dire que les Auvergnats sont économes (et non avares, comme d'aucuns le clament!).

•

Traça de bòrria ont la vacha tusta lo brau,
Trace d'ostal ont la femna tusta l'òme.
Piètre ferme celle où la vache bat le taureau,
Piètre maison celle où la femme bat son mari.
Lorsque la femme commande dans le ménage ou la vache à la ferme, on peut s'attendre au pire (c'est la sagesse populaire qui le dit, mais doit-on toujours croire ce que dit la sagesse populaire?)

Lo que vèi un clocher,
Es pas totjorn al pé.
Celui qui voit un clocher
N'est pas toujours au pied.
S'utilise pour parler d'une personne qui n'est pas au bout de ses peines.

•

Bastir solharda dabant coisina
De l'ostal aquò's la roina.
Construire la souillarde avant la cuisine
C'est la ruine de la maison.
En Auvergne, la souillarde est une petite pièce où l'on fait la vaisselle et où l'on range la nourriture (arrière-cuisine). Ce proverbe est à rapprocher de «Il ne faut pas mettre la charrue avant les bœufs». Il ne faut pas aller trop vite, il faut agir avec méthode.

•

D'un ostau plan bastit e
d'un champ sans pèiras,
Dubes pas gaitar lo prètz.
D'une maison bien construite
et d'un champ sans cailloux,
Tu ne dois pas regarder le prix.
La qualité se paie mais on s'y retrouve.

A cada vilatge
Son usatge,
A cada maison
Sa façon.
À chaque village
Ses coutumes,
À chaque maison
Sa façon (sa particularité).

Lo qu'arrèiba tard,
Totjorn es mal lojat.
Celui qui arrive tard,
Est toujours mal logé.

•

Ròda que rodaras,
Totjorn al nis tornaras.
Rôde et rôde encore,
Toujours au nid tu reviendras.
On retourne toujours à la maison
ou sur les terres de sa petite enfance.

Lo que dos ostals garda,
Rats e pluèja aura se ne'n pren garda.
Celui qui garde deux maisons,
Aura des rats et de la pluie chez lui
s'il n'y prête garde.

•

Lo que demòra jos son cubert,
Se res ne ganha, res ne perd.
Celui qui reste chez lui,
S'il ne gagne rien, il ne perd rien.
Il faut éviter de traîner, d'être un «rodaïre».

•

Los ostaus chanjon pas de plaça
Mes chanjon de mèstre.
Les maisons ne changent pas de place
Mais elles changent de propriétaire.

Les animaux

Les mouches, abeilles et autres petites bêtes...

Jamai se clau una mocha
dins una bocha clavada.
Jamais une mouche n'entre
dans une bouche bien fermée.
Pour recevoir, il faut savoir demander
donc, ouvrir la bouche.

•

Essam de mai,
Val vacha e son lait.
Essaim du mois de mai,
Vaut une vache et son lait.
Un essaim trouvé au mois de mai
produira beaucoup.

•

Lo mial es pas fach pel cuol de l'ase.
Le miel n'est pas fait pour le cul de l'âne.
Ce proverbe est à rapprocher
de « donner de la confiture aux cochons ».

Per la Sant-Michal,
Estofa l'abelha et manja lo mial.
Pour la Saint-Michel,
Étouffe l'abeille et mange le miel.

•

Lo qu'al messongier presta l'aurelha
Prend la guespre e laissa l'abelha.
Celui qui prête l'oreille au menteur
Prend la guêpe et laisse l'abeille.
Celui qui a tendance à écouter les menteurs,
se trompe lourdement.

•

La doçor del mial
consòla pas la piquada de l'abelha.
La douceur du miel
ne console pas de la piqure de l'abeille.
Les gentillesses faites après une méchanceté
ne doivent pas faire oublier cette dernière.

Ruche mal entretenue,
ruche perdue.

A tròp las abelhas fojicar,
Finisson per picar.
À trop embêter les abeilles,
Elles finissent par piquer.
Convient également aux humains.

•

L'abelha va totjorn a la flor.
L'abeille va toujours à la fleur.
Chacun retourne toujours à ses racines.

•

A vièlha cira,
Trace de mial.
Avec de la vieille cire,
Du mauvais miel.

•

Rucha mal entretenguda,
Rucha fotuda.
Ruche mal entretenue,
Ruche perdue.

•

Annada de moranèiras,
Annada granaira.
Année avec beaucoup de hannetons,
Année avec beaucoup de grains.

Que vèi nèiras en febrier,
Ne'n vèi un milier.
Celui qui voit une puce en février,
En voit un millier.
Il est très rare de voir des puces
au mois de février mais, lorsqu'il y en a,
on assiste à une véritable invasion.

•

La pus traça de nèira
Pòt te faire devenir nèici.
La plus petite des puces
Peut te faire devenir fou.

•

Se las ranas chanton lòngtems,
Fara bèl tems.
Si les grenouilles chantent longtemps,
Il fera beau temps.

•

Pour les Rameaux,
Les grenouilles tournent crapauds.
D'après les spécialistes, certaines grenouilles,
comme les grenouilles rousses, vont pondre
dans les zones humides au début du mois d'avril.
Quand elles quittent ces lieux, les crapauds
prennent leur place pour s'accoupler.

Quand la rana a la voes nauta,
Mena la plueja sans fauta.
Quand la grenouille chante aigu,
Elle annonce la pluie sans faute.

•

Où il y a lézard vert,
Méfie-toi de la vipère.
Souvent dans les endroits très ensoleillés, on trouve les deux reptiles. La superstition veut que lorsqu'on découvre un lézard vert, une vipère se trouve tout près, imposant donc la prudence.

•

Se lo bòrlhe vèisia,
Se la mandra entendia,
la fin del monde arribaria.
Si l'orvet voyait,
Si la salamandre entendait,
La fin du monde serait proche.

Quand la grenouille chante aigu,
Elle annonce la pluie sans faute.

Les chiens, les chats

Pagon mas lo chin
Quand a fach la virada.
Ils ne paient le chien
Que s'il a fait la virée.
Le chien a sa récompense seulement
quand il a ramené les vaches.

•

Ont vai lo chan,
La coa seg.
Où va le chien,
Suit sa queue.
Une variante dit:
Ont l'agulha va,
Lo fieu sèg.
Où va l'aiguille,
Le fil suit.

•

Totjorn chan japa e truèja modilha.
Toujours le chien jappe et la truie fouille la terre.
C'est une évidence.

Quò fai pas mai res que 'na mèrda
de chin sobre una pala de boès.
Ça ne fait pas plus d'effet
qu'une crotte de chien
sur une pelle en bois.
Cela ne fait aucun effet.

•

Los chans fau pas de chats.
Les chiens ne font pas des chats.
Les enfants conservent les qualités
(ou les défauts !) de leurs parents.

•

Per manjar lèbre o lapin,
Chal sentir las lofias del chin.
Pour manger lièvre ou lapin,
Il faut sentir les pets du chien.
Pour avoir du plaisir, il ne faut pas hésiter
à subir quelques désagréments.

•

La foira passa ben als chats.
La diarrhée passe bien aux chats.
Les soucis, les tracas, les ennuis
finissent toujours par passer.

Les chiens
ne font pas des chats.

Tous les chiens qui aboient ne mordent pas

Ta los chins que japon
Mòrdon pas.
Tous les chiens qui aboient
Ne mordent pas.

Recueilli dans la région de Thiers, ce proverbe tend à prouver que ceux qui crient le plus fort ne sont pas nécessairement les plus dangereux.

Dans le même esprit, on trouve:

•

Chan que japa
Es pas a crenhar.
Chien qui aboie
N'est pas à craindre.

Ce ne sont pas ceux qui causent le plus qui sont les plus dangereux.

•

Quand lo chan (lo chin) japa,
Quicòm i a.
Quand le chien aboie,
Il y a quelque chose.

•

Tan que lo chan pissa,
La lèbre fot lo camp.
Pendant que le chien pisse,
Le lièvre s'enfuit.

Dans d'autres secteurs on dit:

Tan que le chin pissa,
La lèbre fugis.
Tant que le chien pisse,
Le lièvre fuit.

•

Fai un frech de chin.
Il fait un froid de chien.

Il fait très froid.

•

Trace de chan gaita ben passar evesque.
Chien maigre regarde bien passer évêque.

Il ne faut pas baisser les yeux quelle que soit la condition de votre interlocuteur.

•

De mai un chin a de patrons,
De mai a l'eschina pialada.
Plus un chien a des gens qui le commandent,
Plus il a le dos pelé.

Mieux vaut avoir affaire à un seul qui commande qu'à plusieurs.

Chat qui se gratte l'oreille
Conseille de se méfier.

La coeta del chat es ben venguda,
A mai sans l'estirar.
La queue du chat est bien venue,
Et même sans avoir eu besoin de l'étirer.

Il faut savoir être patient.

•

Chat que se grata l'aurelha,
De se mefisar conselha.
Chat qui se gratte l'oreille
Conseille de se méfier.

Quand le chat passe la patte sur l'oreille,
il faut se méfier de la pluie qui ne saurait tarder.

•

Se sent venir una bufada,
Lo chat gratissa çò que tròba.
S'il sent venir le mauvais temps,
Le chat griffe ce qu'il trouve.

•

Chat eschaldat
Crenha l'aiga frida.
Chat échaudé
Craint l'eau froide.

De raça,
Lo chin chassa.
De race,
le chien chasse.

On trouve la variante française
«Bon chien chasse de race» concernant l'hérédité.
En effet, «Bon sang ne saurait mentir».

Les chevaux, les ânes

A èga vièlha, chabestre nau.
À jument vieille, licol neuf.

Pour mieux vendre une vieille jument, on lui met un joli licol. L'acheteur prêtera moins d'attention aux tares. Se dit également pour une femme vivant avec un homme plus jeune qu'elle.

•

La civada retarda pas l'ase.
L'avoine ne retarde pas l'âne.

Il convient de bien nourrir ses animaux de trait ou de bât pour obtenir plus de travail de leur part.

Davalaria quatre òmes de chavau.
Elle descendrait quatre hommes de cheval.
On dit cela au sujet d'une fille qui a beaucoup de culot, qui ne craint rien ni personne. L'expression suivante est aussi employée:
Devalaria un gendarma de chaval.
Elle descendrait un gendarme de cheval.

•

A trop cercar un chaval sans tara,
Val mai marchar a pé.
À trop chercher un cheval sans défaut,
Mieux vaut marcher à pied.
La perfection n'existe pas.

•

A chaval balhat,
Chal pas agachar las dents.
À cheval donné,
Il ne faut point regarder les dents.
Un cadeau doit être apprécié quelle que soit sa valeur.

•

Jamai un còp de pé de sauma
A pas tuat un ase.
Jamais un coup de pied de mule
N'a tué un âne.

Quò's una granda vertat:
L'ase de la comuna es totjorn mal bastat.
C'est une grande vérité:
L'âne de la commune est toujours mal bâté.
Fort souvent, faute d'une personne attitrée pour s'occuper de lui, l'âne communal était maigre. Le harnachement nécessaire pour l'atteler était en piteux état. Bref, le pauvre animal n'était pas un modèle de beauté de l'espèce asine.

•

A èga lèsta se balha la civada
E a sauma fenhanta que la bastonada.
À jument leste on donne de l'avoine
Et à mûle fainéante que des coups de bâton.

•

Ega vièlha chanja pas de pas.
Vieille jument ne change pas d'allure.
Touche les équidés mais aussi, dans un sens caustique, les femmes âgées qui sont campées dans leurs certitudes.

•

Es franc coma un ase que rastiòra.
Il est franc comme un âne qui recule.
Il faut se méfier de ces gens qui manquent de franchise.

Ega que bolega pas,
Sauma qu'espinga pas,
Femna que mentis pas,
Ne'n cercas pas.
Jument qui ne bouge pas,
Mûle qui ne donne pas de coup de pied,
Femme qui ne ment pas,
N'en cherche pas.

•

Fauta de biou,
Guston fai laurar son ase.
Faute de bœuf,
Gustou fait labourer son âne.

Gustou est le diminutif d'Auguste.
Il est employé ici dans un sens général pour dire qu'il faut se contenter de ce que l'on a.

•

Totes los ases son pas a la fièira.
Tous les ânes ne sont pas à la foire.

Si l'on vous répond cela, c'est que vous avez dit une absurdité ou que vous êtes le roi des niais.
Mais attention car:
Sul fièiral, totes los ases se semblon.
Sur le champ de foire,
tous les ânes se ressemblent.

I a mai d'òmes nèicis
Que d'ases cornuts.
Il y a plus de fous
Que d'ânes cornus.

•

L'ase es pas vièlh quand la sauma es davant.
L'âne n'est pas vieux
quand l'ânesse est devant.

Rien de tel que l'attrait du sexe opposé devant soi pour aller plus vite...

•

Ris coma un ase
Quand lo fretas sos la coa.
Il rit comme un âne
Quand tu le frottes sous la queue.

Attribué aux personnes orgueilleuses et vaniteuses.

•

Fai de ben a un ase,
Te pagara ambé de pets.
Fais du bien à un âne,
Il te paiera avec des pets.

On n'est pas toujours remercié pour le bien que l'on fait à autrui.

Pòdes totjorn piular
Quand l'ase vòl pas biure.
Tu peux toujours siffler
Lorsque l'âne ne veut pas boire.

Pour faire boire son cheptel, le paysan a l'habitude de siffler en rythme. Dans ce cas précis, le dire s'applique à quelqu'un qui n'écoute pas les conseils.

Voldria tot:
L'ase amai lo carreton.
Il voudrait tout:
l'âne et même la carriole.

Se dit au sujet d'une personne très avide et très envieuse.

Il voudrait tout:
l'âne
et même la carriole.

Bœufs, vaches et autres bovins

Se lo brau a saltat,
Pòdes totjorn barar la cleda.
Si le taureau a sauté,
Tu peux toujours fermer la barrière.
Lorsque tu as commis une bévue ou une erreur, tu peux toujours essayer de te justifier, il y a fort peu de chance que l'on te croit.

•

Jamai nais brau mechant.
Jamais ne naît taureau méchant.
A sa naissance le taureau n'est pas dangereux, ce sont les hommes qui le rendent méchant. Au sens figuré, on trouve cette expression :

Se quò continua, vai se virar en brau.
Si ça continue, il va se tourner en taureau.
Il va devenir très méchant.

•

Quò's pas totjorn lo buou
qu'amassa lo fen que lo manja.
Ce n'est pas toujours le bœuf
qui ramasse le foin qui le mange.
Les profits ne reviennent pas toujours à ceux qui les méritent.

•

Bòn obrier es jamai tròp pagat,
Bòn buou es jamai tròp engraissat.
Bon ouvrier n'est jamais trop payé,
Bon bœuf n'est jamais trop engraissé.
Toute qualité doit être rémunérée à sa juste valeur.

•

Vièlhs buous fau la reja drecha.
Les vieux bœufs font le sillon droit.

•

Plèu coma vacha que pissa.
Il pleut comme vache qui pisse.
Il pleut très fort.

Vue de loin,
La vache a toujours du lait.

Les vieux bœufs font le sillon droit.

Una vacha se molz pas per las banas.
Une vache ne se trait pas par les cornes.

•

Cada cent ans,
La vacha negra tòrna a l'estable.
Tous les cent ans,
La vache noire revient à l'étable.
Les tares, les défauts réapparaissent toujours à un moment ou à un autre.

•

Trace de rana jamai empacha
A la gòrga de biure la vacha.
Petite grenouille jamais n'empêche
La vache de boire au trou d'eau.

•

Anem vèire se la vacha a vedelat.
Allons voir si la vache a vêlé.
Se dit à la fin de la veillée: il est temps de rentrer.

Se tròna al mes de mai,
Las vachas aun de lait.
S'il tonne au mois de mai,
Les vaches ont du lait.
Le tonnerre est annonciateur d'orage, donc de pluie. Et si pluie il y a, l'herbe va pousser dru et bien nourrir les vaches.

•

Quò's pas la vacha que brama lo mai
Que balha lo mai de lait.
Ce n'est pas la vache qui meugle le plus fort
Qui donne le plus de lait.

•

Vista de luènh,
La vacha a totjorn de lait.
Vue de loin,
La vache a toujours du lait.
Lorsqu'on les voit de loin, les choses sont toujours enjolivées. Parfois, quand on s'approche, la déception s'avère fort importante.

•

Val mai laurar amb sas vachas
Qu'amb los buous dèl vesin.
Mieux vaut labourer avec ses vaches
Qu'avec les bœufs du voisin.
Cela évite bien des problèmes.

Quand la crèche est vide, Les vaches se donnent des coups de tête.

Quand la crepia es vuèida,
Las vachas se trucon.
Quand la crèche est vide,
Les vaches se donnent des coups de tête.

Les disputes découlent
de la pénurie et des manques.

•

Lo que carna cròmpa,
Carna dèu vendre.
Celui qui achète une « carne »,
Une « carne » doit vendre.

Les marchands de bestiaux utilisent ce proverbe lorsqu'ils achètent une bête de mauvaise qualité (une carne). La difficulté n'est pas alors de l'acheter mais de la revendre.

•

Quand la vaca se leca,
Lo lendeman res ne seca.
Quand la vache se lèche,
Le lendemain rien ne sèche.

La langue des bovins est annonciatrice de pluie.

D'un veau tu espères un bœuf
Et d'une poule un œuf.

Vachas ajassadas del mème costat,
Meissant tems a crenhar.
Vaches couchées du même côté,
Mauvais temps à craindre.

Lorsque dans les prés ou à l'étable, les bovins se couchent du même côté, il faut redouter un changement de temps sérieux.

•

A vacha grassa,
Vedèl foiros.
À vache grasse,
Veau qui a la diarrhée.

Les vaches trop grasses donnent des veaux chétifs, souvent malades.

•

D'un vedèl espèras un buou
E d'una pola un uou.
D'un veau tu espères un bœuf
Et d'une poule un œuf.

Suivant l'effort fourni, on connaît le résultat donc pas de surprises à attendre.

Chal pas crompar la beta
Davant d'agure lo vedèl.
Il ne faut pas acheter la corde
Avant d'avoir le veau.

Variante du célèbre proverbe: «Il ne faut pas vendre la peau de l'ours avant de l'avoir tué».

Vedèl qu'amaira
Sèg totjorn sa maira.
Un veau qui tète
Suit toujours sa mère.

•

Ont lo vedèl amaira,
Lo vedèl manja gaire.
Où le veau tète,
Il ne mange guère.

L'endroit (lo pargue) où le veau est parqué pour téter sa mère ne possède pas beaucoup d'herbe tellement celle-ci a été piétinée par le troupeau.

•

Las cornijadas de la vedèla
fau gaire mal al brau.
Les petits coups de corne de la génisse
ne font guère mal au taureau.

Avant d'affronter son ennemi, il faut juger de sa puissance.

Un veau qui tète
Suit toujours sa mère.

Les cochons

Pòrc que rondina
Pèrd sa pastada.
Porc qui grogne
Perd sa pâtée.

Il vaut mieux éviter de trop parler au cours du repas car... on mange moins.

•

A pòrc borrut,
Jamai lo mèstre i a perdut.
A cochon « bourru »,
Jamais le maître n'y a perdu.

Un cochon «bourru» est un cochon qui a un peu d'âge, donc recouvert de soies épaisses. Pour le saloir, il sera meilleur, plus ferme.

•

Quand es vuèide,
Lo nau fai ginglar lo pòrc.
Quand elle est vide,
L'auge fait grogner le cochon.

Quand tenes lo pòrc per las aurelhas,
Te chal lo sangar.
Quand tu tiens le cochon par les oreilles,
Il faut le saigner.

Il faut profiter de l'occasion quand elle se présente.

•

Al nas del pòrc,
La mèrda sent pas.
Au nez du cochon,
La merde ne sent pas.

Pour quelqu'un de malhonnête, il est normal de l'être.

•

Es adrech de sas mans
Coma una truèja de sa coa.
Il est adroit de ses mains
Comme une truie de sa queue.

Il est très maladroit.

Los pòrcs s'engraisson pas a l'aiga clara.
Les porcs ne s'engraissent pas avec de l'eau claire.

Utilisé pour parler des personnes qui abusent de la nourriture et qui affichent un certain embonpoint.

•

Quò li vai coma una sonalha a un pòrc.
Cela lui va comme une cloche à un cochon.

Il vaut mieux qu'il se change car sa tenue ne lui va pas du tout. On entend aussi:
Quò i vai coma una sèla a una vacha.
Cela lui va comme une selle à une vache.

Les moutons, les chèvres

Totjorn pastre fai lo tropel.
Toujours le berger fait le troupeau.

La beauté d'un troupeau de brebis se reconnaît toujours à la façon dont le berger s'en occupe.

•

Quand l'abre se còpa,
Totas las fedas coron a la fuèlha.
Quand l'arbre est coupé, toutes les brebis courent manger les feuilles.

Se dit pour un héritage.

•

Feda tròp gastada
De cada anhèl es tetada.
Brebis trop corrompue
(dans le sens de maternelle)
Est tétée par tous les agneaux.

Se dit au sujet d'une personne trop bonne, qui se laisse abuser trop facilement.

A causa d'un trace d'anhèl
Se tua pas lo tropèl.
À cause d'un agneau chétif,
On ne tue pas tout le troupeau.

•

Brave chabrit, brave anhèl
Venon de boc jove e d'aret vièlh.
Beau chevreau, bel agneau
Proviennent de jeune bouc et de vieux bélier.

Pour la reproduction des caprins et des ovins, l'âge a de l'importance.

•

Quò's pas vèlha de marchat
Que diu se noirir anhèl mancat.
Ce n'est pas la veille du marché
Que l'agneau malingre doit être nourri.

Il ne faut pas attendre au dernier moment pour réaliser ses projets ou ses travaux.

•

Quand nais un anhelon,
Nais un gineston.
Quand naît un agnelet,
Il naît un petit genêt.

Cette jolie image, peut-être simplement pour montrer le rôle protecteur de l'arbuste.

En abrial, la feda se tòcha
Sans baston e sans brancha.
En avril, la brebis ne se touche
Ni avec un bâton, ni avec une branche.

Au mois d'avril, les réserves en foin diminuent fortement. Le troupeau est amaigri et affaibli. Aussi faut-il éviter de trop «bousculer» les brebis qui ne résisteraient pas.

•

A rasar la barba d'un boquilhon,
Se pèrd son tems e son saplon.
À raser la barbe d'un jeune bouc,
On perd son temps et son savon.

Quand Nadal es sens cap de luna,
De cent fedas se'n salva pas una.
Quand Noël est sans lune,
Sur cent brebis, il ne s'en sauve aucune.

Les anciens avaient l'habitude de dire qu'un Noël sans lune était de mauvais augure pour les troupeaux d'ovins. Ceux-ci risquaient d'être atteints par de nombreuses maladies et mourir dans les mois qui suivaient.

•

Fedas nombrosas dins los tropèls,
Te demòra totjorn de pèls.
Brebis nombreuses dans un troupeau,
Il te restera toujours des peaux.

Si l'on a trop de brebis, on ne peut pas s'en occuper correctement et plusieurs d'entre elles vont mourir faute de soins.

•

Chal i èstre nèiçut chabrit
Per i damorar boquit.
Il faut y être né chevreau
Pour y rester quand on est devenu petit bouc.

Se dit de certains lieux isolés, tolérés par force de l'habitude.

De mai lo boc sent,
De mai las chabras lo lècon.
Plus le bouc sent mauvais,
Plus les chèvres le lèchent.

Les garçons qui ont beaucoup de succès auprès des filles utilisent ce dicton pour se vanter.

On trouve également :
Mai lo boc es borrut,
Mai la chabra lo leca.
Plus le bouc est poilu,
Plus la chèvre le lèche.

•

Chabra garèla fai pas lo plangiron.
Chèvre boiteuse ne fait pas la sieste.

Ce n'est pas un souci qui doit tout faire oublier.

•

Es tan jalosa
Qu'una chabra de sa coeta.
Elle est aussi jalouse
Qu'une chèvre de sa queue.

•

Aquel que tond sas cabras,
Lèu a tondut.
Celui qui tond ses chèvres,
A tôt fait de tondre.

Pour la bonne raison que les races locales de chèvres ne se tondent pas !

Val pas mèma los quatre fères
d'una chabra crebada.
Il ne vaut même pas les quatre fers
d'une chèvre crevée.

Se dit d'une personne qui n'est pas du tout appréciée, qui « ne vaut rien ».

La sauvagine, et autres bêtes à poils

Il faut tirer le lièvre quand il passe.

La lèbre es pas per quèlh que la chassa,
L'es per quèlh que l'amassa.
Le lièvre n'est pas pour celui qui le chasse,
Il est pour celui qui le ramasse.

•

Passa pas per una bona lèbre.
Il ne passe pas pour un bon lièvre.
Il a une très mauvaise réputation.

•

Chal tirar la lèbre quand passa.
Il faut tirer le lièvre quand il passe.
Quand c'est le moment, il ne faut pas attendre.

•

Me còntas pas tantas de coa de lèbre.
Ne me raconte pas autant de queue de lièvre.
Ne me raconte pas autant de sornettes,
de mensonges.

•

Una mostiala rossa es signe de bèl tems.
Une belette rousse annonce le beau temps.

•

Lo rainal qu'a la coa copada
Es oblijat de mostrar son cuol.
Le renard qui a la queue coupée
Est obligé de montrer son cul.

Al lop li sembla
Que tot lo monde manja las fedas.
Il semble au loup
Que tout le monde dévore les brebis.
Se dit au sujet d'une personne
envieuse de ses voisins.

•

Se vòles adondar lo lop,
Marida-lo.
Si tu veux dresser (dompter) le loup,
Marie-le.

•

Quand se parla del lop,
Se'n vèi la coeta.
Quand on parle du loup,
On en voit la queue.
Quelqu'un qui arrive à l'improviste, alors qu'on
parle de lui, aura droit à cette remarque.
On dit aussi plus communément:
Quand on parle du loup,
Il sort du bois.

•

Quand s'encròsa lo lop
Las fedas fau la fèsta.
Lorsqu'on enterre le loup,
Les brebis font la fête.

Le renard qui a la queue coupée

Est obligé de montrer son cul.

Pial de chabra
A jamai estofat un lop.
Poil de chèvre
N'a jamais étouffé un loup.

•

Vièlh granier
Es chastèl pels rats.
Vieux grenier
Est château pour les rats.

Les rats se plaisent dans les lieux anciens surtout s'ils y découvrent quelques réserves de nourriture.

•

Es tant embarassat
Qu'una rateta amé tres nosas.
Il aussi embarrassé
Qu'une souris avec trois noix.

S'applique au sujet de quelqu'un très chargé mais aussi au sujet d'une personne très timide.

Quand l'oiseau s'est envolé,
il n'est plus temps
de fermer la cage.

La basse-cour, les oiseaux

Un bon jal es totjorn maigre.
Un bon coq est toujours maigre.

Se dit au sujet du volatile qui a beaucoup de «travail» avec ses poules mais aussi pour les hommes qui «courent» les filles.

•

Marcha la tèsta bassa
Coma un jal sans nas.
Il marche la tête basse
Comme un coq sans nez.

Il est penaud.

•

Quand lo jal chanta a la velhada
A dejà la coa banhada.
Quand le coq chante à la veillée,
Il a déjà la queue mouillée.

Ce chant nocturne est signe de pluie.

Hirondelle qui vole haut
Le temps reste beau.

Es coma una cloca que z'a qu'un porajin.
Il est comme une poule qui n'a qu'un poussin.
Il fait mine d'être très occupé, affairé.

•

Val mai lo cacau d'anuèit
Que la pola de deman.
Il vaut mieux l'œuf du jour
Que la poule de demain.
Il est plus prudent de manger les œufs avant la poule car si on tue cette dernière, plus aucun œuf.

La pola pònd pel bèc.
La poule pond par le bec.
Mieux la poule sera soignée, plus elle pondra.

•

Fases coma las polas que pòdon
pas biure sans espiar lo cial.
Tu fais comme les poules qui ne peuvent pas
boire sans regarder le ciel.
Quand les poules boivent, elles lèvent systématiquement la tête, comme si elles observaient les nues.

•

Las polas pòndon plus,
Lo frech lor a barrat lo cuol.
Les poules ne pondent plus,
Le froid leur a fermé le cul.
Cette expression s'utilise lorsqu'il fait très froid. Certaines personnes disent également cela quand elles refusent de donner de l'argent lors d'une quête.

•

Pola que chanta lo jal,
De son mèstre la mòrt anonça.
Poule qui chante comme le coq,
De son maître la mort annonce.
Ce chant inhabituel est signe de mauvais présage.

Vièlha pola
Fai bona sopa.
Vieille poule
Fait bonne soupe.
Il ne faut pas se fier à l'âge.

•

Pertot las polas graton a z'arrièr.
Partout les poules grattent en arrière.
Pour vivre, il faut travailler.

•

Cada ausèl
Tròba son niu brave e bèl.
Chaque oiseau
Trouve son nid beau et grand.

•

Quand l'aucèl es defòra,
Es pus tems de barrar la jabia.
Quand l'oiseau s'est envolé,
Il n'est plus temps de fermer la cage.
Se dit aux personnes distraites.

•

Se lo pic-gralh dis sa chanson ;
Paisan, amassa ta mèisson.
Si le pivert dit sa chanson;
Paysan, rentre ta moisson.
La pluie n'est pas loin.

Totjorn sont maigres los estornèls
Per çò que vau en grands tropèls.
Toujours sont maigres les étourneaux
Car ils vont en grands troupeaux.

•

Una griva dins la clòcha
Val mai que doas dins lo nis.
Une grive dans la cocotte
Vaut mieux que deux dans le nid.

Marcha coma una aucha grassa.
Elle se marche comme une oie grasse.
Elle se dandine.

•

Pertot lo gralh es negre.
Partout le corbeau est de couleur noire.
Ce n'est pas la peine de raconter des sornettes.

Quò's pas la pluma que fa l'ausèl,
Quò's pas la bana que fa lo buou.
Ce n'est pas la plume qui fait l'oiseau,
Ce n'est pas la corne qui fait le bœuf.
Ne dit-on pas que «l'habit ne fait pas le moine»?

•

Cocut entendut,
Chapèl revengut.
Coucou entendu,
Chapeau revenu.
Quand on entend le coucou, on peut penser que les beaux jours sont là, il faut donc prévoir un couvre-chef en conséquence.

Si les canards bat battent de l'aile
dans le ruisseau,
Il y aura de l'eau bientôt.

MARÉCAGE (NARSE) de LASCOLS
près de CUSSAC
VANNEAU
rapace en vol
D. BrugèS
Courlis cendré
Un paradis pour la faune et
la Flore ... A protéger !!!
D. BrugèS
Autre oiseau en vol.
Toujours un rapace

L'ajassa es blancha coma un lençòl,
Negra coma un pairòl
E lèva la coeta coma un esquirol.
La pie est blanche comme un drap,
Noire comme un chaudron
Et lève la queue comme un écureuil.
Le fait d'avoir des différences physiques ne nuit pas.

Chaque oiseau
Trouve son nid
beau et grand.

Quand las ajassas s'assaron de l'ostal,
Lo meissant tems vai far rambal.
Quand les pies s'approchent de la maison,
Le mauvais temps va faire du tapage.
On dit aussi :
Pie dans la ferme,
Neige à court terme.

•

Se bas l'ajassa bastis,
Tot l'an de vent sobre son nis.
Si la pie construit (plutôt) en bas de l'arbre,
Toute l'année du vent sur son nid.
En observant le comportement des oiseaux,
on peut déterminer la tendance générale
de la météorologie.

•

Quand cocut chanta en desfuelhat,
Gaire de palha et belcòp de blat.
Quand le coucou chante sans feuille,
Peu de paille mais beaucoup de blé.
Si l'oiseau chante avant que les feuilles
n'aient poussé sur les arbres,
la récolte sera bonne au niveau du grain
mais il y aura moins de paille
dans le champ.

De trabalh a mai
Que lo cocut al mes de mai.
Il a plus de travail
Que le coucou au mois de mai.
On utilise ce dicton pour parler d'une personne débordée par ses activités.

•

La dalha quand se pica,
Al cocut còpa la chica.
Quand on bat la faux,
On coupe «la chique» au coucou.
Les faucheurs entreprennent leurs travaux d'été. Il est temps pour le coucou de se faire moins entendre.

•

Al chant se conèis la duganèla,
A las idèias la cervèla.
Au chant on reconnaît la chouette,
Aux idées le cerveau.
Se dit à propos de quelqu'un qui n'a pas beaucoup d'idées.

L'environnement naturel

Les plantes, la végétation

Quand la violeta es al boisson,
Quita la quanolha e pren lo fesson.
Quand la violette est au buisson,
Quitte la quenouille et prend la houe.
Lorsque les violettes commencent à fleurir, il est temps d'abandonner les travaux d'hiver.

•

Flor d'abrial
Ten per un fial.
Fleur d'avril
Tient par un fil.
Des gelées sont encore à craindre durant ce mois.

•

Se plèu per la Sant Jòrgi,
Las celèiras passon per sa gòrja.
S'il pleut pour la Saint-Georges (23 avril),
Les cerises passent par sa gorge.
Lorsqu'il pleut pendant la floraison, la récolte de ces fruits est moins importante.

Annada d'aglans
Malautia pels champs.
Année de glands,
Maladie aux champs.
Cette prévision est liée à une observation régulière de la nature.

•

Bèu d'èipina,
Luna fina ;
Bèu de fuèlha,
Luna vèlha.
Bois d'épine,
Lune fine ;
Bois de feuille,
Lune vieille.
Les résineux se coupent en lune nouvelle alors que les feuillus doivent être coupés en lune vieille. Ce dicton provient des Combrailles.

•

Mai bèl es l'abre,
Mai bèla es son ombra.
Plus grand est l'arbre,
Plus grande est son ombre.
Plus une personne est connue, plus on lui trouve de défauts.

Çò que gardas poiris,
Çò que balhas floris.
Ce que tu gardes pourrit,
Ce que tu donnes fleurit.

Le don a bien plus de valeur humaine que l'égoïsme.

Castanhas prumièiras,
Noses darrèiras.
Châtaignes premières,
Noix dernières.

Pour avoir de belles châtaignes dans son panier, il convient de ramasser les premières et abandonner celles qui tombent plus tard. En ce qui concerne les noix, c'est le contraire : les dernières qui roulent sur le sol sont les plus belles.

Les plantations, les récoltes

Jamai lunatier
A emplit son granier.
Jamais celui qui tient compte
de l'influence de la lune
N'a empli son grenier.

•

La tèrra es una femna:
Bolega-la e t'aimara.
La terre est une femme:
Remue-la et elle t'aimera.
Pas de commentaire sur ce proverbe très discutable.

•

Lo que parla semena,
Lo qu'escota amassa.
Celui qui parle sème,
Celui qui écoute récolte.

Femna enrufada,
Tèrra mau fumada,
Se'n senton mai d'una annada.
Femme fâchée,
Terre mal fumée,
S'en ressentent plus d'une année.
Il convient donc de faire attention, de remédier à cette situation et surtout de ne point recommencer.

L'aiga que raja, quò's la vida ;
L'aiga que duèrm, quò's la mòrt.
L'eau qui coule, c'est la vie ;
L'eau qui dort, c'est la mort.
L'eau stagnante n'est bonne ni pour les hommes, ni pour les plantes.

Prat desaprimat
Es a mitat fenat.
Pré «désaprimé»
Est à moitié fané.

Un pré dont l'herbe a été mangée par les vaches au printemps donnera moins de foin.

•

Chau dalhar quand banha
per fenar quand fai bèl tems.
Il faut faucher quand il pleut pour faner
quand il fait beau temps.

Dans le Cézallier du nord et le Brivadois, cette formule est souvent utilisée.

les sème en juillet.

Mai bladija,
Junh fenija.
En mai pousse le blé,
En juin il est temps de faner.

•

Se dalhas quand la planta es en flor,
Lo fen sera melhor.
Si tu fauches quand la plante est en fleur,
Le foin sera meilleur.

La palha e lo tems amaduran las nèplas.
La paille et le temps font murir les nèfles.

Se dit aux impatients: il faut savoir attendre et demander conseil.

•

Annada de fen,
Annada de res.
Année de foin,
Année de rien.

Quand le temps favorise la pousse de l'herbe, le paysan craint pour les autres cultures.

•

Champ enreja
Es a mitat laurat.
Champ avec ses premiers sillons
Est à moitié labouré.

Lors des labours, ce sont les premiers sillons qui sont les plus longs à réaliser.

•

De la flor al gran,
Sèt setmanas i a
Mes, se lo tems ven per sason,
Ambé cinc n'i a pron.
De la fleur au grain,
Il faut compter sept semaines
Mais, si la météo fait le nécessaire,
Avec cinq il y en a assez.

Tèrra negra
Fai bon blat.
Terre noire
Fait bon blé.

•

La tèrra s'alassa amb lo blat
E se pausa amb lo prat.
La terre se fatigue par le blé
Et se repose par le pré.

Les céréales épuisent la terre. Aussi transforme-t-on le champ en pré pour retrouver, quelques années plus tard, une terre plus productrice.

•

L'an fai lo blat, pas lo champ.
Ce n'est pas le champ
qui fait le blé mais l'année.

La récolte ne sera pas liée à la façon de cultiver le champ mais à la météorologie de l'année.

•

Per levar la mèisson,
Chal esperar la sason.
Pour lever la moisson,
Il faut attendre la saison.

Chaque chose en son temps, il convient de ne pas être trop pressé.

Quand chal mèissonar,
Per picar la dalha es tròp tard.
Quand il faut moissonner,
Il est trop tard pour battre la faux.

•

Los cauls se viron tròsses.
Les choux deviennent trognons.

Ce dicton aurillacois signifie que tout va de mal en pis.

•

Jos la nèu lo gran,
Jos la plueja la fam.
Sous la neige le grain,
Sous la pluie la faim.

Les emblavures protégées du froid par la neige donneront de belles récoltes.

•

Belcòp de palha,
Gaire de gran.
Beaucoup de paille,
Peu de grain.

Se plèu lo jorn de la Trinitat,
Lo blat se pèrd de mitat.
S'il pleut le jour de la Trinité,
Le blé se perd par moitié.

Les catholiques fêtent la Trinité le premier dimanche après Pentecôte. C'est à ce moment-là que le blé fleurit et qu'il n'apprécie pas trop la pluie.

•

Tant qu'un òme a pas sinhat,
Lo blat es pas ensacat.
Tant qu'un homme n'a pas signé,
Le blé n'est pas ensaché.

Un marché n'est pas conclu définitivement tant que la signature n'est pas apposée.

•

Semena ton segle en tèrra podrosa,
Ton froment en terre fanjosa.
Sème ton seigle en terre poudreuse,
Ton froment en terre boueuse.

À chaque céréale ses besoins, les récoltes n'en seront que plus conséquentes.

•

Los blats aborius
Valon tant que los tardius.
Les blés précoces
Valent autant que les tardifs.

Ont se semena de civada,
Possa pas de froment.
Où l'on sème de l'avoine,
Il ne pousse pas de froment.

On récolte la variété semée.

•

Tot çò que pòrta baneta
Se semena luna joveneta.
Tout ce qui porte de petites cornes
Se sème en lune jeunette.

Lors de la lune jeune (phase croissante), il faut semer les plantes dont on mange la partie qui pousse à l'air: salades, pois, haricots...

•

I a pas de palha sans gran
Ni de cuol sans mèrda.
Il n'y a pas de paille sans grain
Ni de cul sans merde.

Chaque médaille a son revers!

En août et en vendanges,
Ni fêtes, ni dimanches.

Lo que vend sa palha, vend son gran;
Lo que vend son fems, vend son pan.
Celui qui vend sa paille, vend son grain;
Celui qui vend son fumier, vend son pain.

Sans fumure la récolte ne sera pas belle donc moins de céréales pour le pain. On a également:

Trace de fomarier,
Trace de granier.
Petit tas de fumier,
Petit grenier.

•

Eschampa lo blat
E garda la ventilha.
Il jette le blé
Et garde l'enveloppe de ce blé.

Attribué à quelqu'un de très dépensier.

•

Per pogure amassar,
En prumier dubes plantar.
Pour pouvoir récolter,
Tu dois d'abord planter.

•

Lo que laura al banhat
N'amassa que la mitat.
Celui qui laboure quand c'est mouillé
Ne récolte que la moitié.

De sason
Tot es bon.
De saison
Tout est bon.

S'applique pour les cueillettes du jardin et du verger. Il ne faut pas contrarier les légumes et les fruits à vouloir les faire pousser ou murir trop vite. Mieux vaut attendre la bonne saison.

•

Un òme lunier
Jamai a emplit son granier.
Un homme « lunier »
N'a jamais emplit son grenier.

Certains se moquent des personnes qui croient trop aux affirmations des proverbes et des dictons. Dans ce cas précis, on peut mettre en doute le rôle positif joué par la lune sur les récoltes.

•

Recòlta dintrada,
Recòlta assurada.
Récolte rentrée,
Récolte assurée.

Tant que les grains ne sont pas au grenier, il convient d'être prudent.

De saison, tout est bon.

Les Astres

La lune

Chal tuar la truèja a la luna vièlha
E lo mascle a la luna novèla.
Il faut tuer la truie à la lune vieille
Et le mâle à la lune nouvelle.

•

Lo temps que lo mes donara,
Al 5 de luna se vèira.
Le temps que donnera le mois,
Se verra au 5 de la lune.
On croit à l'influence
des cinq premiers jours de lunaison.

•

Tems, vent, femna e fortuna
Viron coma la luna.
Temps, femme et fortune
Changent comme la lune.

•

Chalendas sens luna
Tres gèrbas ne'n valon pas v'una.
Calendes (Noël) sans lune
Trois gerbes n'en valent pas une.

Luna blanchosa del vèspre o del matin,
Aiga dèlhs nibols fai sortir.
Lune pâle du soir ou du matin,
Fait sortir l'eau des nuages.

•

Luna novèla en bèl tems
Mena pluèja dabant sèt jorns.
Lune nouvelle en beau temps
Amène pluie avant sept jours.

•

Luna jaune mena totjorn
Fòrta bisa tot lo jorn.
Lune jaune amène toujours
Une forte bise tout le jour.

•

Luna del lus,
D'una sanha fai un suc.
Lune du lundi,

La lune rousse
Brûle tout ce qui pousse.

D'un marécage fait un mont.

La lune nouvelle du lundi a plutôt tendance à entrainer la sècheresse.

•

Quand la luna rossa es passada
Chal pas plus crenhar la jalada.
Quand la lune rousse est passée,
Il ne faut plus craindre la gelée.

•

Luna del mècre
E filha de prèstre
Dubrian pas èstre.
Lune du mercredi
Et fille de prêtre
Ne devraient pas exister.

Toujours concernant la lune nouvelle du mercredi:

Luna mecruda
E femna barbuda,
Cada cent ans n'i a pro d'una.
Lune du mercredi
Et femme barbue,
Tous les cent ans,
il y en a assez avec une.

La luna del divendre lava la charèira.
La lune du vendredi lave le chemin.

•

La luna rossa
Brutla tot çò que possa.
La lune rousse
Brûle tout ce qui pousse.

La lune rousse est la lunaison située après Pâques. Entre avril et mai, des gelées sont donc encore à craindre.

•

La luna rossa ven en abrial
e se'n vai en mai.
La lune rousse vient en avril et s'en va en mai.

Durant cette période, la crainte hante l'esprit des cultivateurs et des jardiniers. Les nuits sans nuage sont encore porteuses de gelées qui détruisent les jenes pousses dans les champs et les jardins.

•

Quand la luna rossa es passada
Chal pas plus crenhar la jalada.
Quand la lune rousse est passée,
Il ne faut plus craindre la gelée.

Lune jaune amène toujours, une forte bise tout le jour.

Quand la luna vira al bèl,
Dins tres jorns pòrta chapèl.
Quand la lune change au beau temps,
Dans trois jours elle porte chapeau.

Un autre dicton annonce:
Quand la luna tòrna bèla,
Dins trèi jorns tòrna fèla.
Quand la lune recommence
son cycle avec beau temps,
Dans trois jours elle s'humidifie.

•

Quand la luna es chabròla
La terra es mòla.
Quand la lune est chevrette,
La terre est molle.

Quand le croissant de lune a les pointes tournées vers le haut (comme une chevrette), il va pleuvoir.

Une variante recueillie dans la région de Saint-Flour annonce en plus la sécheresse:
Bana ponchuda
Terra fenduda;
Bana levada,
terra banhada.
Corne pointue,
Terre fendue;
Corne levée,
Terre mouillée.

QUAND LA LUNE
RECOMMENCE SON CYCLE
AVEC BEAU TEMPS
DANS TROIS JOURS
ELLE S'HUMIDIFIE.

Le soleil, les étoiles

Lo solelh pòt rendre
Çò que pòt prendre.
Le soleil peut rendre
Ce qu'il peut prendre.

•

Lo cial de dos solelhs a pas besonh,
Amé un n'i a pron.
Le ciel de deux soleils n'a pas besoin,
Avec un il y en a assez.
Pour être bien commandé,
il n'y a pas besoin de deux chefs.

I a pas mai de sabte sans solelh
Que de vièlha sans conselh.
Il n'y a pas plus de samedi sans soleil
Que de vieille femme sans conseil.

•

Quand lo Bon Diu fai levar lo solelh,
Lo fai levar per tot lo monde.
Quand le Bon Dieu fait lever le soleil,
Il le fait lever pour tout le monde.

Le soleil peut rendre
Ce qu'il peut prendre.

Au fil des jours, des mois et des saisons

Janvier
La gelée de janvier
Remplit grandement le grenier.

Los dotze prumiers jorns de janvier
Te dison lo tems
dels dotze meses de l'annada.
Les douze premiers jours de janvier
Te disent le temps des douze mois de l'année.

•

Val mai un chan fotral
Qu'en janvier un solelh chald.
Il vaut mieux un chien fou
Qu'un soleil chaud en janvier.
Les douceurs climatiques du mois de janvier
n'engendrent rien de bon.

•

En janvier,
Mieux vaut voir un loup
près du fumarier (tas de fumier)
Qu'un paysan en chemise
en train de laurer (labourer).
Une autre version pour un résultat identique:
après les beaux jours de janvier qui permettent
de faire des travaux extérieurs
viendra le mauvais temps de février.

•

Quand janvier es bon lauraire,
Febrier es pas son fraire.
Quand janvier est bon laboureur,
Février n'est pas son frère.

Janvier amassa las sochas,
Febrier las crema totas.
Janvier ramasse les souches,
Février les brûle toutes.
En raison du mauvais temps,
il faut chauffer davantage
durant le mois de février.

•

Lo mes de janvier vòl pas vèire pissar un rat.
Le mois de janvier
ne veut pas voir pisser un rat.
On ne souhaite pas la pluie pour ce mois d'hiver.

•

En janvier e fevrier, lo pòrc dubes sangar
Se la vianda vòles plan gardar.
En janvier et février, le porc tu dois saigner
Si la viande tu veux bien garder.
Ces deux mois sont les meilleurs pour tuer
le cochon et ce, en raison du froid.

•

De janvier la jagada
Fai granda granièirada.
La gelée de janvier
Remplit grandement le grenier.

Le gel de janvier est un allié des récoltes.
Ce dicton pourrait être complété par celui qui dit:

Janvier tant o mai que febrier
Garnis o vuèida lo granier.
Janvier aussi bien que février
Garnit ou vide le grenier.

•

Gibre de janvier
Val pas un trace de denier.
Givre de janvier
Ne vaut même pas un petit denier.

•

Pluie de janvier
Remplit les cimetières.
La pluie hivernale a des conséquences
tragiques, même pour les humains.

•

Lo vent del jorn de l'an
Bufa mitat de l'an.
Le vent du jour de l'an (1er janvier)
Souffle moitié de l'année.

•

Jorn de l'an bravonet,
Mes d'agost chaldet.
Jour de l'an plutôt beau,
Mois d'août plutôt chaud.

Les hivers les plus froids
Prennent toujours au moment des Rois.
Les manteaux, les écharpes et autres cache-nez
sont à prévoir à compter du 6 janvier (Epiphanie).

•

Quand ven la Santa Veronica,
Lo solelh a l'ivèrn fa la nica.
Quand vient la Sainte Véronique (13 janvier),
Le soleil à l'hiver fait la nique.

•

À la Saint-Maur,
Tout est mort.
Le patron des chaudronniers, en date du 15 janvier,
voit une nature en pleine hibernation.

•

Sant Antoni
Balha l'uou a la pola.
Saint-Antoine (17 janvier)
Donne l'œuf à la poule.
À compter de cette date, s'il ne fait pas trop froid,
les poules se remettent à pondre.

•

Pour la Saint-Antoine,
Les jours croissent
comme la barbe d'un moine.

A la cadèira del bòn Sant-Piare,
L'ivèrn se'n vai se non se sarre.
À la chaire du bon Saint-Pierre (18 janvier),
L'hiver s'en va s'il ne se resserre.

•

Per Sant-Vincent,
Lo frech pèrd una dent
O la tòrna trobar per longtems.
Pour la Saint-Vincent,
Le froid perd une dent
Ou la retrouve pour longtemps.
Le 22 janvier, le froid diminue ou,
au contraire, redouble.

•

Per Sant Vincent,
Baissa lo gial, crèis lo vent.
Pour la Saint-Vincent,
Le gel diminue, le vent grossit.

•

Se giala a la Sant-Remòn,
L'ivèrn es encara lòng.
S'il gèle pour la Saint-Raymond (23 janvier),
L'hiver est encore long.

Per la Sant-Pòl,
L'ivèrn se còpa lo còl.
Pour la Saint-Paul (25 janvier),
L'hiver se coupe le cou.

•

A la Sant-Pòl, clara jornada ;
Bona annada.
À Saint-Paul, claire journée ;
Bonne année.

À la Saint-Maur
tout est mort.

Février

Neige de février,
Vaut un tas de fumier.

Febrier es un coquinas :
Fai badar los buous al tombarèl
O conhar los chins dins lo forn.
Février est un vieux coquin :
Il fait haleter les bœufs au tombereau
Ou entrer les chiens dans le four.
Soit il fait doux, soit il fait mauvais temps.

•

Febrier gotelhier :
Bon fenier,
Bon granier.
Février sous les gouttes :
Bon fenil,
Bon grenier.

•

Se al solelh de febrier lo chat vira la pèl,
En mars la virara al fornèl.
Si au soleil de février le chat tourne la peau,
En mars il la tournera vers le fourneau.
S'il fait beau en février, il faut craindre mars
qui risque de ne pas être clément.

Nèu de febrier,
Val un fomarier.
Neige de février,
Vaut un tas de fumier.
La neige qui tombe durant ce mois est excellente pour le sol. Un autre dicton dit quasiment la même chose :
Nèu de febrier
Val fens de fomarier.
Neige de février
Vaut le fumier pris au tas.

•

La nèu de fevrier,
Quò's d'aiga dins un panier.
La neige de février,
C'est de l'eau dans un panier.
La neige ne tient pas longemps à cette époque.

•

Febrier vira son bonet
Sèt còps dabant darrièr.
Février tourne son bonnet
Sept fois devant derrière.

Février sous les gouttes, bon fenil, bon grenier.

Febrier, lo pus cort mes lo pus meissant.
Février, le plus court mais le plus méchant.
Appelé par son diminutif « lou mesou », le petit mois, février est craint pour la rudesse de son climat.

•

En belèt,
L'aucha coa subre lo fomarier.
En février,
L'oie couve sur le tas de fumier.
Se dit en Basse-Auvergne.

•

Totjorn febrier
Es un bòn anhelier;
Toujours février
Est un bon « agneleur ».
C'est un mois favorable pour l'agnelage.

•

Flor de febrier
Vai jamai al panier.
Fleur de février
Ne va jamais au panier.
Les fleurs que l'on peut voir durant ce mois ne donnent pas de fruit.

Jamai febrier s'es passat
Sans vèire lo grauselhier folhat.
Jamais février ne s'est passé
Sans voir les feuilles du groseiller.
Ce dicton s'applique dans les zones auvergnates de basse altitude. Au cœur des montagnes de la Haute-Auvergne, il faut encore attendre plusieurs jours avant que les feuilles de l'arbuste à fruits rouges n'apparaissent.

•

Se lo grapal chanta en febrier,
Pas besonh de lata pel nosier.
Si le crapaud chante en février,
Pas besoin de latte pour le noyer.
Inutile de se servir d'une gaule pour faire tomber les noix car il n'y en aura pas.

•

Travèrsa rossa de febrier
Rabala lo Diable per la coeta.
Vent d'ouest doux de février
Traîne le Diable par la queue.
Ce vent fait fondre la neige rapidement d'où son association avec le Diable qui vit dans un monde de... chaleur.

SI LE CRAPAUD CHANTE EN FÉVRIER,

Mai val un lop dins lo tropèl,
Que febrier tròp bèl.
Il vaut mieux un loup dans le troupeau
Que février trop beau.

•

Chandeleur claire,
Hiver derrière.
Chandeleur trouble,
L'hiver redouble.

La fête chrétienne de la Chandeleur (2 février) indique le jour de la présentation de Jésus au temple, quarante jour après Noël.

•

Quand Nòsta-Dama de Chandèlas lusèrna,
Quaranta jorns eivèrna.
Quand Notre-Dame de Chandeleur luit,
Il neige quarante jours.

Ce dicton vient de Haute-Loire.

•

Solelh de Nòstra-Dama levat brilhant,
Fai mai de frech après qu'avant.
Quand le soleil de Notre-Dame se lève brillant,
Il fait plus froid après ce jour qu'avant.

PAS BESOIN DE LATTE POUR LE NOYER.

Quand lo rainal s'essolelha
per Chandalièira,
Demora quaranta jorns dins sa tanièira.
Quand le renard prend le soleil
pour la Chandeleur
Il reste quarante jours dans sa tanière.

Le mauvais temps va arriver et durera plus d'un mois.

•

Quand plèu sus la Chandèla,
Plèu sus la javèla.
Quand il pleut pour la Chandeleur,
Il pleut sur la javelle.

L'observation du temps a prouvé que s'il pleut pour la Chandeleur, il pleuvra aussi pour les moissons en juillet et août.

•

Per Sant-Blase,
De nèu d'aqua la coa de l'ase.
Pour Saint-Blaise (le 3 février),
De la neige jusqu'à la queue de l'âne.

Quand s'estrassa per Sant-Blase,
Totjorn l'ivern tusta son ase.
Quand il s'affaiblit pour Saint-Blaise,
Toujours l'hiver frappe son âne.
L'expression « tustar son ase » signifie
n'en faire qu'à sa tête, faire que ce qui plaît.

•

Lo tres de febrier, mièja mota,
Mièg granier
E lo bacon tot entier.
Le 3 février, grange à moitié,
Grenier à moitié
Et le bac à petit salé tout entier.
À cette date, le paysan ne doit pas avoir donné à ses bêtes plus de la moitié du foin de la grange et du blé du grenier. Pour sa consommation, il ne doit pas avoir touché à ses salaisons.

Aiga que raja per Santa Agatha,
Bota de lach dins la barata.
Eau qui coule pour Sainte-Agathe (5 février)
Met du lait dans la baratte.
Il y aura de l'herbe grâce à la pluie
et donc les vaches seront bien nourries.

•

A mièg-febrier,
Bon mèrle dèu nisar.
À la mi-février,
Bon merle doit faire son nid.

•

Al mitan de febrier,
Mièja gorba e mièg granier.
À la mi-février,
Moitié de la meule et moitié du grenier.

•

Se giala lo 22 de febrier,
Encara quarante jorns d'ivèrn.
S'il gèle le 22 février,
Encore quarante jours d'hiver.
Le 22 février célèbre Isabelle, sœur de Saint-Louis.

À la mi-février,
Bon merle doit faire son nid.

Mars

Mars venteux,
Août fromenteux.

Lo mes de març,
Lo pus amar.
Le mois de mars,
Le plus amer.
C'est un mois qui réserve des surprises au niveau météorologique.

•

L'èrba de març vai gaire a la granja.
L'herbe de mars ne va guère à la grange.
Il ne faut pas tenir compte de la pousse de mars.

•

Març en un jorn et una nuèit
Fai mai que febrier en vint-e-uèit.
Mars en un jour et une nuit,
Fait plus que février en vingt-huit.

•

Març possèiros,
An maluros.
Mars poussiéreux,
An malheureux
S'applique aux récoltes.

Quand mars est comme mai,
Mai est comme mars.

Quand març maieja,
Mai marceja.
Quand mars est comme mai,
Mai est comme mars.
Si le temps habituel d'un mois n'est pas au rendez-vous, il se retrouve en décalage lors d'un autre mois.

•

Quand març a cinc dimars,
Laissa ni sous, ni liards.
Quand mars possède cinq mardis,
Il ne laisse ni sous, ni liards.

•

Març sec
Jamai a fach manjar pan sec.
Mars sec
N'a jamais fait manger du pain sec
Il vaut mieux que le mois de mars connaisse la sècheresse plutôt que l'humidité; les récoltes futures en seront d'autant plus prospères.

Talha lèu, talha tard
Per la vinha res val mai
que la talha de març.
Taille tôt, taille tard,
Pour la vigne rien ne vaut mieux
que la taille de mars.

•

Març fa gratar la pola
E descauçar la sirventa.
Mars fait gratter la poule
Et déchausser la servante.
Mars qui est un mois plutôt capricieux
peut avoir de belles journées.

•

Març martèla,
Abrial espèla.
Mars matraque,
Avril enlève la peau.
Se dit sur la Planèze de Saint-Flour.
Ces deux mois sont redoutables pour les animaux
de la ferme car il y a de moins en moins de foin
dans les granges et, dans les prés,
l'herbe n'a pas encore vraiment poussé.

Flors en març que vèiras,
Gaire frucha manjaras.
Si tu vois des fleurs (aux arbres) en mars,
Peu de fruits tu mangeras.

•

Març ventos,
Agost fromentos.
Mars venteux,
Août fromenteux.
Si le vent souffle durant le mois de mars,
il y aura une belle récolte de froment
au mois d'août.

•

Març ventos,
Abrial pluvios,
Aqui a lo boier uros.
Mars venteux,
Avril pluvieux,
Et voilà le bouvier heureux.
C'est le temps idéal pour que,
dans les mois qui suivent,
les récoltes soient importantes.

MARS SEC ET BEAU, EMPLIT CAVES ET TONNEAUX.

Niula de març,
Jalada de mai.
Brouillard de mars,
Gelée de mai.

Lorsque le brouillard est présent au cours du mois de mars, on peut s'attendre à ce que mai connaisse quelques gelées.

•

Se plèu per la Sant-Aubin
L'aiga sera mai chèra que lo vin.
S'il pleut pour la Saint-Aubin (1er mars),
L'eau sera plus chère que le vin.

Attention à la sècheresse future !

•

À la Saint-Grégoire,
Taille la vigne pour boire.

La Saint Grégoire se fête le 12 mars, en l'honneur du pape Gégoire le Grand.

•

Per Sant-José jorn bèl,
Cada ajassa a son castèl.
Pour Saint-Joseph (19 mars) belle journée,
Chaque pie a son château.

A cette date, les pies ont construit leur nid.

Sant-Jeusé es un trincaire.
Saint-Joseph est un casseur.

Les jardiniers se méfient de lui car les gelées sont encore fréquentes.

•

Per la Sant-Benoit,
lo cocut chanta al bon endrech
Si que non, es mort de frech.
Pour la Saint-Benoît (21 mars),
le coucou chante au bon endroit
Sinon, c'est qu'il est mort de froid.

Saint Benoît de Nurcie est né en 480 et mort en 547. Il est le fondateur de l'ordre des Bénédictins. Pour cette fête, le coucou doit chanter pour annoncer les beaux jours.

•

Se giala a Nòstra-Dama de març,
Cada mes aura sa part.
S'il gèle à Notre-Dame de mars (25 mars),
Chaque mois aura sa part.

Notre-Dame de mars est aussi appelée l'Annonciation. Les gelées qui touchent cette fête laisseront des traces tout au long de l'année au niveau des récoltes.

À la Saint-Joseph, va et vient l'hirondelle.

Avril
Avril froid
Donne pain et vin.

Abrial a pas mai d'abrics
Que lo paure a d'amics.
Avril n'a pas plus d'abris
Que le pauvre n'a d'amis.

Il faut encore se méfier de la météorologie... même si le coucou manifeste sa présence.

•

Al mes d'abrial,
Tota bèstia chanja de pial.
Au mois d'avril,
Toute bête change de poil.

C'est la période où les animaux perdent leurs poils d'hiver. En bordure des prairies, on peut observer de nombreuses touffes accrochées aux fils de fer barbelés.

•

Al mes d'abrial,
Anuèit de pluèja, deman de chald.
Au mois d'avril,
Aujourd'hui de la pluie, demain du soleil.

Le temps est instable.

Abrial,
Quitas pas un fial.
Mai,
Trai lo saile alai.
Avril,
Ne quitte pas un fil.
Mai,
Jette le manteau de berger au loin.

Variante du français « En avril ne te découvre pas d'un fil, en mai fais ce qu'il te plait ».

•

Abrial aboriva
Lo blat a mai l'espija.
Avril rend hâtifs
Le blé et l'épi.

•

Abrial frech
Balha pan e vin.
Avril froid
Donne pain et vin.

•

Abrial en fanjas,
Estiu en espijas.
Boue durant le mois d'avril,
Beaux épis pour l'été.

Tròn d'abrial
Es signe de gial.
Tonnerre d'avril
Est signe de gel.

•

Jamai se passa abrial
Sans sas gotas de gial.
Avril ne se passe jamais
Sans ses gouttes de gel.

Par «gouttes de gel», on veut parler du grésil.

•

Abrial rondinaire,
Mauvès lauraire.
Avril grognon,
Mauvais laboureur.

Si le temps du mois d'avril est perturbé ce n'est pas bon signe pour les récoltes futures.

•

Pel nau d'abriu,
Lo cocut canta mòrt o viu.
Pour le 9 avril,
Le coucou chante mort ou vif.

Per la Sant Jòrgi,
Semena ton òrdi.
Per la Sant Marc,
Deja quò's tròp tard.
Pour la Saint-Georges (23 avril)
Sème ton orge.
Pour la Saint-Marc (25 avril)
Il est déjà trop tard.

Le paysan doit se hâter pour semer l'orge car sa marge de manœuvre est étroite.

Avril rend hâtifs, le blé et l'épi.

Mai

Au mois de mai,
Petit berger, jette
ton vêtement de pluie au loin.

Mai fai belcòp mai dins una nuèit
Qu'abrial dins dètz-e-uèit.
Mai fait beaucoup plus dans une nuit
Qu'avril pendant dix-huit.

•

De mai la rosada
Fai bòna annada.
La rosée de mai
Fait une bonne année.

•

Tot çò que nais al mes de mai,
Se pren per l'ala e s'eschampa enlai.
Tout ce qui naît au mois de mai,
S'attrape par l'aile et se jette au loin.

Ce dicton concerne les oiseaux de la basse-cour. Les éclosions qui se produisent en mai ne sont pas des réussites.

•

Lo frech de mai
Enrichis pas jamai.
Le froid de mai
N'enrichit jamais.

Il a tendance à retarder ou détruire les cultures.

Mai pluvios
Rend lo paisan uros.
Mai pluvieux
Rend le paysan heureux.

Diu nos garda de la possièira de mai
e de las fanjas d'agost.
Dieu nous préserve de la poussière de mai
et de la boue d'août.

•

Al mes de mai,
Pastron, trai lo saile enlai.
Au mois de mai,
Petit berger, jette ton vêtement de pluie au loin.

•

Vau mai trobar una vaca crebada
dins son estable
Que d'amassar de botarots dins
los bòscs al mes de mai.
Il vaut mieux trouver une vache morte
dans son étable
Que de cueillir des champignons
dans les bois au mois de mai.

Une pousse trop hâtive de champignons n'est pas bon signe pour le reste de l'année (recueilli à Siran dans le Cantal).

Le froid de mai n'enrichit jamais.

Quand le mois de mai arrive au 28, L'hiver est cuit.

La Santa Crotz
Empòrta o laissa tot.
La Sainte-Croix (3 mai),
Emporte ou laisse tout.

En ce début de mois de mai, les gelées tardives peuvent encore détruire les récoltes dans les champs.

•

Se plèu per Santa-Crotz,
A l'abre pas de notz.
S'il pleut pour la Sainte-Croix,
À l'arbre pas de noix.

•

Per la Santa-Crotz,
Lo semenar es fach pertot.
Pour la Sainte-Croix
Les semailles sont faites partout.

Saint-Mamert, Saint-Servais
et Saint-Pancrace
Sont toujours des saints de glace.

Ces saints sont fêtés les 11, 12 et 13 mai. Ils sont redoutés des jardiniers en raison des gelées tardives qui les accompagnent souvent.

•

Quand lo mes de mai es a vint-a-uèch,
L'ivern es cuèch.
Quand le mois de mai arrive au 28,
L'hiver est cuit.

Le 28 mai sonne la fin du mauvais temps. Ce proverbe a été recueilli à Jabrun, dans l'Aubrac cantalien.

•

Quand mai t'aura mostrat sa fin,
Adonc garda o vend ton vin.
Quand mai t'aura montré sa fin,
Alors garde ou vends ton vin.

Mieux vaut attendre la fin du mois de mai pour prendre une décision concernant les réserves.

Juin

Quò's lo solelh de junh que fai la mota.
C'est le soleil de juin qui fait le fenil.
Juin fait pousser l'herbe.

•

Lo blat al mes de junh
Mònta coma un fum.
Le blé au mois de juin
Monte comme une fumée.
Profitant d'un temps idéal, il croît très rapidement.

•

Quand plèu per la Sant-Mari,
Plèu quaranta jorns après,
A mens que Sant-Barnabé
Li còpe lo bèc.
Quand il pleut pour la Saint-Mary (8 juin),
Il pleut quarante jours après,
À moins que Saint-Barnabé (11 juin)
Ne lui coupe le bec.
Dicton de la région de Mauriac et d'Ydes.
Saint-Mary et Saint-Médard se fêtent le même jour.

Se plèu per la Sant-Medard,
Plèu quaranta jorns pus tard
Mès Sant Barnabé
Pòt i copar l'èrba sot lo pé.

S'il pleut pour la Saint-Médard (8 juin),
Il pleut quarante jours plus tard
Mais Saint-Barnabé
Peut lui couper l'herbe sous le pied.

Ce dicton est connu de tous. Désormais Saint-Médard est fêté le 8 juin mais au temps du calendrier Julien, la fête était célébrée la veille du solstice d'été soit le 20 juin. Il faut donc tenir compte de l'ancienne date pour pouvoir vérifier le dire.

•

A la Sant-Barnabé, la dalha es al prat
E a la Sant Enri, lo volam es afialat.

À la Saint-Barnabé, la faux est au pré
Et à la Saint-Henri (15 juillet),
la faucille est aiguisée.

Juin est l'époque de la fenaison, juillet celle du début des moissons.

•

Se plèu la vèlha de Sant-Gervès,
Pel blat quò sera mauvès.

S'il pleut la veille
de la Saint-Gervais (19 juin),
Pour le blé, ce sera mauvais signe.

Se tròna dabant Sant-Joan,
L'oratge ven del levant.

S'il tonne avant Saint-Jean (24 juin),
L'orage vient du levant.

•

Pluèja de Sant-Joan
Tua lo vin e lo pan blanc.

Pluie de Saint-Jean
Tue le vin et le pain blanc.

Quand il pleut pour la Saint-Jean, les vendanges et les moissons ne seront pas bonnes.

•

Joan e Joan
Partajon l'an.

Jean et Jean
Partagent l'an.

Les deux Jean célèbrent les solstices, et d'été (24 juin) et d'hiver (27 décembre).

•

Per la Sant Pèire e la Sant Paulet
Semena lo pòrri e lo caulet.

Entre la Saint Pierre et la Saint Paul
(le 29 juin)
Sème le poireau et le chou.

Juillet
La chaleur de juillet
Fait la valeur de septembre.

Al mes de julhet,
Ni vèsta, ni corset.
Au mois de juillet,
Ni veste, ni corset.
Il est temps d'ôter quelques habits
pour supporter la chaleur.

•

Al mes de julhet,
Ni femna jova, ni caulet.
Au mois de juillet,
Ni femme jeune, ni petit chou.
Le mois de juillet est pénible
en raison du travail intense et de la chaleur.
Il faut donc ménager
ses forces en évitant tout plaisir,
qu'il soit de chair ou de ventre.

•

En julhet, se plèu e que quò dura gaire,
Lo blat arrèiba de tot caire.
En juillet, s'il pleut et que l'averse ne dure pas,
Le blé arrive de tout côté.

En julhet, plueja del matin
Es totjorn bòna pel vin.
En juillet, pluie du matin
Est toujours bonne pour le vin.

Julhet sans auratge,
Famina al vialatge.
Juillet sans orage,
Famine au village.
Les paysans attendent l'eau du ciel
car elle est nécessaire pour la croissance des blés.

•

La chalor es bona en julhet
Coma per Nadal lo fret.
La chaleur est bonne en juillet
Comme le froid pour Noël.

•

Se plèu per la Sant Victòr,
La plueja te fai tòrt.
S'il pleut pour Saint-Victor (21 juillet),
La pluie te fait tort.
Cette pluie estivale n'est pas profitable
pour les récoltes. Un autre dicton dit :
S'il pleut pour Saint-Victor,
La récolte n'est pas d'or.

•

Santa-Madalena,
La plueja mena.
Sainte-Madeleine (22 juillet)
Amène la pluie.

Août

En août moissonne qui veut ; après, celui qui peut.

Solelh rotge d'agost,
Pluèja de pertot.
Soleil rouge d'août,
Partout la pluie.

•

Quand il pleut en août,
Il pleut miel et bon moult.
La pluie d'août profite au rucher et à la vigne.

•

Fièvra d'aost
Dura un jorn o dos.
Fièvre d'août
Dure un jour ou deux.
En raison du beau temps, la fièvre ne dure guère.

•

Mème se lo jaç es a ton gost
Dubes pas durmir al solelh d'agost.
Même si ta couche est à ton goût,
Tu ne dois pas dormir au soleil d'août.
Août est le mois des gros travaux.
Le paysan ne doit pas paresser.

•

Çò qu'agost amadura pas,
Setembre zo fara pas.
Ce que le mois d'août ne murit pas,
Septembre ne le fera pas.
En effet, un autre dicton signale que:

Lo mes d'agost amadura
E aquel de setembre, culhis.
Le mois d'août fait mûrir
Et celui de septembre, cueillir.

•

En agost, escod lo que vòl,
Aprèssa, lo que pòt.
En août moissonne qui veut,
Après, celui qui peut.
La meilleure période pour battre les céréales est le mois d'août.

•

Al mes d'agost la castanha
Se pèrd o se ganha.
Au mois d'août la châtaigne
Se perd ou se gagne.
Suivant le temps de ce mois, il en va de l'avenir de la récolte des châtaignes. Chaque année, ce fruit emblématique de la Châtaigneraie cantalienne est dignement fêté à Mourjou. Pour savoir si la cueillette sera bonne, on observe les montagnes :
Niula d'agost sus las montanhas,
Rajon fòrt las castanhas.
Brume d'août sur les montagnes,
Coulent fort les châtaignes.

Fièvre d'août, Dure un ou deux jours.

Quand al mes d'agost plèu,
De mial e de vin, plèu.
Quand il pleut au mois d'août,
Il pleut du miel et du vin.
L'eau est favorable au miel et au vin qui seront produits en quantité.

•

Per la Santa-Dominica,
Ploras pas se lo solelh te pica.
Pour la Sainte Dominique (4 août),
Ne pleure pas si le soleil te pique.

•

Sant-Laurent petaça lo blat negre.
Saint-Laurent (10 août) ravigote le blé noir (le sarrasin).

•

Lo que semena per Sant-Laurent,
Pèrd e la grana e lo tems.
Celui qui sème à la Saint-Laurent,
Perd et la graine et le temps.
Ce serait une grossière erreur de semer les céréales si tôt dans l'année.

La Vièrja del quinze d'agost
Asega o defai tot.
La Vierge du 15 août
Arrange ou défait tout.

Pour l'Assomption, le temps peut changer et modifier le devenir des récoltes.

•

Per la Sant-Roquet,
Semena lo navet.
Pour la Saint-Roch (16 août),
Sème le navet.

•

Per la Sant-Barthomiu,
La quanolha quita son niu.
Pour la Saint-Barthélémy (24 août),
La quenouille quitte son nid.

Dans certains endroits, les fileuses commencent à ressortir les quenouilles pour vérifier l'état de fonctionnement. L'automne n'est plus très loin. D'autres travaux vont prendre le relais des besognes estivales.

Per la Sant-Laurent,
Volam al froment.
Pour Saint-Laurent,
Faucille au froment.

Dans les champs, les moissonneurs de Haute-Auvergne sont en plein travail.

•

À la Sainte-Radegonde,
Quand l'eau abonde,
La misère court le monde.

La pluie du 13 août n'est pas la bienvenue.

•

Par la Dama d'èu,
La rava peta le tièu.
Pour la Dame d'août
(15 août, jour de l'Assomption),
La rave a le cul qui éclate.

Jardiniers et paysans auraient déjà du récolter leurs raves car, à trop attendre, elles finissent par se fendre et donc, sont moins présentables à la vente.

CELUI QUI SÈME À LA SAINT-LAURENT, PERD ET LA GRAINE ET LE TEMPS.

Septembre

Quand l'hirondelle voit Saint-Michel,
L'hiver ne vient qu'à Noël.

Tota frucha en setembre
A l'abre es bòna a prendre.
Tout fruit en septembre
Sur l'arbre est bon à prendre.

•

Setembre emporta los pònts
O ataris las fònts.
Septembre emporte les ponts
Ou fait tarir les sources.

Tout l'un ou tout l'autre:
septembre est capricieux.

•

En setembre,
Chandèla chal prendre.
En septembre,
Il faut prendre la chandelle.

Les jours raccourcissent.

•

Aprèssa la Nativitat,
Lo rabiore pòt plus secar.
Après la Nativité de la Vierge Marie
(8 septembre),
Le regain ne peut plus sécher.

Il ne faut plus couper l'herbe
car elle n'arrivera pas à sécher suffisament.

Per Nòstra-Dama de setembre,
Lo rasin es bon a prendre.
Pour Notre-Dame de septembre,
Le raisin est bon à prendre.

Pour le 8 septembre, on utilise indifféremment
les appellations «Nativité de la Vierge Marie»
et «Notre-Dame de septembre».

•

Per la Sant Ebòns,
L'aiga tòrna a la fònt.
Pour la Saint-Ebons (12 septembre),
L'eau revient à la fontaine.

Les périodes de sécheresse estivale sont terminées.
Et si cela ne marche pas à cette date,
attendons la fin du mois car:

•

Totas las pluèjas perdudas,
Per Sant-Michal son rendudas.
Toutes les pluies perdues,
Pour Saint-Michel (29 septembre)
sont rendues.

En septembre,
il faut prendre la chandelle.

A la Santa-Crotz de setembre,
Plangièiras a defendre.
À la Sainte-Croix de septembre (14 septembre),
Les quatre-heures sont défendues.

On ne doit plus goûter à compter de cette date. Certains préfèrent encore attendre quelques jours, jusqu'à la Saint-Michel.

•

De Santa Crotz a Sant-Michal,
La pluèja davala del cial.
De Sainte-Croix à Saint-Michel
(29 septembre),
La pluie tombe du ciel.

On entre dans la saison des pluies automnales.

•

S'il pleut pour la Saint-Mathieu,
Fais «jaire» tes vaches et tes bœufs.

Ce n'est pas la peine de lier les animaux le 21 septembre car aucun travail avec les attelages ne pourra se réaliser dans les champs. Les bêtes de somme peuvent donc rester couchées.

•

Si Mathieu pleure au lieu de rire,
Le vin en vinaigre vire.

À cause de la pluie, le raisin perd de sa qualité. Le vin sera acide.

Quand l'irondèla vèi Sant-Michal,
L'ivèrn ven a Nadal.
Quand l'hirondelle voit Saint-Michel
(29 septembre),
L'hiver ne vient qu'à Noël.

Si les hirondelles n'ont pas encore quitté les hautes terres d'Auvergne à cette date, il y a fort à parier que l'hiver mettra longtemps à venir.

•

Per Sant Michal,
Lo despartin monta al cial.
À la Saint-Michel,
Le casse-croûte de l'après-midi monte au ciel.

Les journées étant plus courtes, ce repas est supprimé dans les fermes. Dans le Nord-Cantal, on proclame de même:

Per la Sant Michau,
La vesprèira monta al ciau.
À la Saint-Michel
La pause de l'après-midi monte au ciel.

•

Fai ton blat negre quand voldras,
Per Sant-Michal de farina en faras.
Fais ton sarrasin quand tu voudras,
Pour Saint-Michel (29 septembre)
de la farine tu en feras.

Octobre

Octobre le vaillant
Malmène le paysan.

Blat en octòbre semenat,
Es totjorn estremat.
Blé semé en octobre,
Est toujours ramassé.
C'est le meilleur mois pour semer si l'on veut avoir une récolte prête aux beaux jours.

•

Per la Sant-Guiral,
La prumièira castanha a fach lo salt.
Pour Saint-Géraud (14 octobre),
La première châtaigne mûre est tombée sur le sol.

•

Per Sant-Luc,
Nèu pel truc.
Per Totsant,
Nèu pel champ.
Pour Saint-Luc (18 octobre),
De la neige sur les sommets
Pour Toussaint,
De la neige dans le champ.
Au fil des jours, la neige descend dans la vallée et dans la plaine.

À la Saint-Crespin,
La pie monte au sapin.

Per la Sant-Crespin,
Las mochas veson la fin.
Pour la Saint-Crespin (25 octobre),
Les mouches voient leur fin.
A la Sant-Crespin,
L'ajaça monta al sapin.
À la Saint-Crespin,
La pie monte au sapin.

•

Per la Sant-Simon,
La nèu sul tison.
Pour la Saint-Simon (28 octobre),
La neige sur le tison.

•

Octòbre achabat :
Blat semenat
E çò que demòra, de costat.
Octobre terminé :
Blé semé
Et ce qui reste, de côté.
À la fin du mois d'octobre, les semailles doivent être terminées.

•

Quand octòbre pren fin,
Totsant es deman matin.
Quand octobre prend fin,
Toussaint est demain matin.

Novembre

La Toussaint venue,
Le paysan laisse l'araire.

En novembre, s'il tonne
L'année sera bonne.
Ce dicton est utilisé dans le Bourbonnais.

•

Quel temps qu'il fasse en novembre,
«Atube» le feu dans ta chambre.
«Atuber» signifie «allumer».

•

La Totsant venguda,
Lo paisan laissa l'araire.
La Toussaint venue (1er novembre),
Le paysan laisse l'araire.
Ce n'est plus le moment de labourer.

•

Novembre: Totsant per lo comandar,
Sant Audrèu per lo vèire davalar.
Novembre: Toussaint pour le commander,
Saint-André (30 novembre)
pour le voir descendre.

•

Per Sant-Martin,
L'ivern es en camin.
À la Saint-Martin (11 novembre),
L'hiver est en chemin.

Un autre dicton dit:
Se l'ivèrn sèg son chamin,
Arrèiba per Sant-Martin.
Si l'hiver suit son chemin,
Il arrive pour Saint-Martin.

•

Dès la Sant-Martin,
Lo pòrc arrèsta de ginglar lo matin.
Dès la Saint-Martin,
Le cochon cesse de grogner le matin.
À partir du 11 novembre,
jour de la Saint-Martin,
on peut commencer à tuer les cochons
pour les mettre au saloir.

•

Sant-Martin
Bota la vianda dins lo topin.
Saint-Martin
Met la viande dans le pot.
Il s'agit de la viande de porc
qui est mise à saler.

Telle Toussaint, tel Noël
Pâques au pareil.

Per la Sant Martin,
La raba dis :
« Se me desrabas pas lo vèspre,
M'auras pas lo matin »
Pour la Saint-Martin,
La rave dit :
« Si tu ne m'arraches pas le soir,
Tu ne m'auras pas le matin. »
D'aucuns craignent les gelées qui empêcheront
l'arrachage de la plante au matin.

•

Per la Sant-Martin,
Lo molinier tòca l'ase e bèu lo vin.
Pour la Saint-Martin,
Le meunier pousse l'âne et boit le vin.
C'est l'époque où le moulin tourne à plein régime.

•

De Santa-Catarina dacqu'a Nadal,
I a un mes egal.
De la Sainte-Catherine (25 novembre)
jusqu'à Noël,
Il y a un mois égal.

•

A Santa Catarina,
Per tot l'ivèrn fai ta farina.
À Sainte-Catherine,
Pour tout l'hiver fais ta farine.

Per Santa-Catarina,
Tot boes pren racina.
À la Sainte-Catherine,
Tout bois prend racine.
C'est le meilleur moment
pour planter les arbres et les arbustes.

•

Per Sant-Sernin,
De nèu pel camin.
Pour Saint-Saturnin (29 novembre)
De la neige sur le chemin.

•

À la Sant-Andrèu, jove tropèl noiriras,
Si que non a Paschas non l'auras.
À la Saint-André,
un jeune troupeau tu nourriras,
Sinon à Pâques tu ne l'auras pas.
En matière d'élevage,
il faut toujours prévoir.

La neige de Saint-André.
Menace de cent jours durer.

Décembre

Quand secs sont les Avents,
Abondant sera l'an.

En decembre,
Los pès dins la cendre.
En décembre,
Les pieds dans la cendre.
En raison du froid, il convient de se chauffer.

•

Quand décembre
aux pieds blancs s'en vient,
An de neige et an de bien.
La neige de décembre est la bienvenue
car elle enrichit les terres.

•

Lo mes de l'Avent
Es de pluèja e de vent.
Le mois de l'Avent
Est fait de pluie et de vent.
Les quatre dimanches qui précèdent Noël
sont appelés les dimanches de l'Avent
ou Les Avents. Dans le même esprit
que précédemment, on trouve :

Per Nòstra-Dama dèlhs Avents,
Pluèjas e vents.
Pour Notre-Dame des Avents,
Des pluies et des vents.

•

Nèu de l'Avent
A lònga dent.
Neige de l'Avent
A la dent longue.
La neige qui tombe à ce moment-là
tient longtemps.

•

Los jorns crèisson per Santa-Luça
D'un salt de puça
E per Nadal
D'un pé de gal.
Pour Sainte-Luce (13 décembre),
les jours rallongent
D'un saut de puce
Et pour Noël
D'un pied de coq.
Pour la fête de la lumière,
les jours recommencent
à croître très légèrement
mais à Noël, cela se vérifie plus facilement.

Los jorns ne'n fau per Sant-Tomas,
De la bocha dacqu'al nas.
Les jours en font pour Saint-Thomas
(21 décembre),
De la bouche jusqu'au nez.

Pour certains auvergnats, les jours gagnent quelques minutes. En revanche pour d'autres :

Lo jorn de Sant-Tomas,
Lo jorn es ni nalt ni bas.
Le jour de Saint-Thomas,
Le jour n'est ni haut ni bas.

•

Per la Sant-Tomas,
Se z'as un porc, tusta-i sul nas.
Pour la Saint-Thomas,
Si tu as un cochon, tape-lui sur le nez.

Chacun sait que le porc ne supporte pas qu'on le frappe sur le nez. Il risque d'en mourir. Tout ceci pour dire au paysan qu'il est temps de saigner « l'habillé de soies ».

•

Per Nadal,
Los jorns s'alonjon d'un pé de jal.
Pour Noël,
Les jours allongent d'un pied de coq.

Il faut attendre cette date pour voir les jours rallonger peu à peu.

Niula de Nadau
Fa ni ben ni mau.
Brouillard de Noël
Ne fait ni bien ni mal.

•

Aquel qu'a Nadal s'essolelha,
A Pascas brutla la lenha.
Celui qui se chauffe au soleil pour Noël,
Pour Pâques, brûle son tas de bois.

Équivalant au dicton français « Noël au balcon, Pâques aux tisons »

•

Quand Nadal es en luna dura,
Pastron, mainatge ton apastura.
Quand Noël est en lune dure,
Petit pâtre, ménage ta pâture.

L'homme de la terre doit économiser son foin car l'hiver est loin d'être terminé.

•

Nadal pòrta l'ivèrn dins sa biassa :
Quand l'a pas dabant, l'a darrièr.
Noël porte l'hiver dans sa besace :
S'il ne l'a pas devant, il l'a derrière.

Quand Noël tombe un lundi,
Adieu abeilles et brebis.
De quatre bœufs vends-en deux et demi.
Mets l'argent en blé,
Tu gagneras par moitié.

Cette formulette recueillie dans l'Allier nous montre que ce jour est néfaste pour les animaux gros et petits. Il vaut mieux investir dans les céréales pour gagner quelque argent.

•

Nadal gialat,
Blat granat.
Noël gelé,
Blé avec beaucoup de grains.

Les gelées de la période de Noël sont signe de bonne récolte future.

•

Belcòp de palha, gaire de blat,
Quand Nadal es estialat.
Beaucoup de paille, guère de blé,
Quand Noël est étoilé.

Quand Nadal es un dijous,
Paisan vend carreta e bious.
Quand Noël tombe un jeudi,
Le paysan vend charrette et bœufs.

•

Nadau sens luna,
De cent oelhas, pas qu'una.
Noël sans lune,
Sur cent brebis, il n'en reste qu'une.

•

Les douze jours entre Noël et les Rois
Indiquent le temps des douze mois.

Appelées «las temporas» dans le nord du Cantal, ces journées situées entre le lendemain de Noël et la fête des Rois permettent de prévoir le temps de l'année. Pour cela, il suffit d'observer le temps de chacun des jours.

À LA NOËL, FROID DUR ANNONCE ÉPIS TRÈS DURS.

Tot l'an a corregut Sant-Silvèstre
Amai pensava pas i èstre.

Tout l'an a couru Saint-Sylvestre
Et même il ne pensait pas y être.

Une petite plaisanterie
pour le dernier jour de l'année.

Fêtes mobiles

Mardi gras

Lo ser del Mars Gras,
Cadun a besonh de sa padèla.

Le soir de Mardi gras,
Chacun a besoin de sa poële.

Il n'y a donc pas besoin d'aller chez le voisin pour avoir de l'aide. La fête du Mardi gras varie tous les ans. Elle précède le Mercredi des Cendres. 40 jours de Carême vont se passer entre ce Mercredi et le jour de Pâques.

Les Rameaux

Quand tròna davant Rampan,
Gaire de lait a las chabras per tot l'an.

Quand il tonne avant les Rameaux,
Guère de lait aux chèvres durant l'année.

Le dimanche des Rameaux précède le dimanche de Pâques. Cette fête mobile célèbre l'entrée de Jésus dans Jérusalem et débute la «Semaine Sainte»

•

Lo vent de l'annada ven totjorn del caire
que z'es benejit lo jorn de Rampan.

Le vent de l'année souffle toujours du côté qui est béni le jour des Rameaux.

Le Vendredi Saint

Plueja del Vendre Sant
Dura tot un an.

La pluie du Vendredi Saint
dure toute l'année.

S'il pleut le Vendredi Saint, l'année sera très pluvieuse. Le Vendredi Saint est célébré par les chrétiens le vendredi précédant le dimanche de Pâques.

Pâques

Pascha pluviosa,
Annada fromentosa.

Pâques pluvieuses,
Année riche en froment.

Une variante dit la même chose:

Pascas pluviosas
Soent son fromentosas.

Pâques pluvieuses
Souvent sont riches en froment.

Un autre dicton le confirme. S'il pleut pour Pâques, le paysan récoltera beaucoup de blé:

Paschas plèujosas,
Mans pastosas.

Pâques pluvieuses,
Mains pleines de pâte.

Les Rogations

Gaita las Rogacions
E vèiras las fenaisons.
Regarde les Rogations
Et tu verras les fenaisons.

Trente-six jours après le dimanche de Pâques et trois jours avant l'Ascension, on célèbre les Rogations. Elles ont pour objet de demander à Dieu un climat favorable, une protection contre les calamités. En certains endroits, elles sont accompagnées d'une bénédiction de la terre, des champs et des instruments de travail. Le mauvais temps durant cette fête mobile augure d'un mauvais été.

•

Lo tresièma jorn de las Rogacions
En venant de procession
Se sias un pauc banhat
Per vendemias seras trempat.
Le troisième jour des Rogations
En venant de procession
Si tu es légèrement mouillé
Pour les vendanges tu seras trempé.

Cette formulette signale que s'il pleut le troisième jour, la période des vendanges sera pluvieuse.

Haricots des Rogations
Rendent à foison.
Si tu les sèmes à Sainte-Croix (3 mai),
Tu en auras plus que pour toi.
Si tu les sèmes à Saint-Didier (23 mai)
Pour sûr, tu en auras un millier.

L'Ascension

Quand plèu lo jorn de l'Ascension,
Las celèiras se'n vau en procession.
Quand il pleut le jour de l'Ascension,
Les cerises s'en vont en procession.

L'Ascension se situe 40 jours après Pâques. S'il pleut, on peut craindre le pire pour les cerises, en tous les cas, c'est ce que l'on dit dans les secteurs de Massiac (Cantal) et de Brioude (Haute-Loire).

Regarde les Rogations
Et tu verras les fenaisons.

La Pentecôte

Per Pentacosta,
Lo fromatge a fach crosta.

Pour Pentecôte,
Le fromage a fait croûte.

En montagne, la fabrication du fromage a commencé car les vaches ont rejoint les pâturages d'altitude. La Pentecôte se célèbre cinquante jours après Pâques.

La Fête-Dieu

La Fèsta-Diu banhada,
Fenason mancada.

La Fête-Dieu mouillée,
Fenaison manquée.

Lorsqu'il pleut le jour de la Fête-Dieu, il sera difficile de faner car le temps va se détraquer. Instituée le 8 septembre 1246 par le pape Urbain IV, cette fête se déroule le jeudi après la Trinité, soit 60 jours après Pâques. Très populaire dans certains villages auvergnats, il y a encore quelques années, la Fête-Dieu est marquée par l'adoration et la procession du Saint Sacrement.

BIBLIOGRAPHIE SUCCINCTE :

Outre son travail de collectage sur le terrain,
Daniel Brugès a consulté divers ouvrages :

- *Le temps qu'il fait,* Henri POURRAT, Editions Albin Michel, 1960
- *Proverbes et dictons français,* Jacques PINEAUX, Que sais-je, Presses Universitaires de France, 1967
- *Littérature orale de l'auvergne,* Paul SEBILLOT, G.P. Maisonneuve et Larose, 1968
- *Temps et saisons, dictons de la sagesse paysanne,* A. FILLOD et P. PAGES, Centre d'Études de la Vallée de la Borne, 1983
- *Fioc e Diable, contes et comptines d'Auvergne,* Daniel BRUGES, CREER, 1984
- *Contes mai qu'a meitat vertadiers,* Joan VESOLA, I.E.O Cantal, 1985
- *Proverbes et dictons d'Auvergne,* Alain LABRUNIE, Rivages, 1985
- *Ièu, parle occitan,* Jean RIGOUSTE, version auvergnate d'Etienne COUDERT, I.E.O 63, 1985
- *Dans les monts du Cantal le pays de l'écir,* Jacques MALLOUET, Editions Payot, 1995
- Dictionnaire des dictons, Agnès PIERRON, Marabout, 1997
- Inventaire des dictons des terroirs de France, Gabrielle COSSON, Larousse, 1998
- L'almanach météorologique des dictons, Gabrielle COSSON, Larousse, 1998
- *Citations, Proverbes et Dictons,* Julie BARDIN, Terre de Poche, De Borée, 2004
- *Dictionnaire général Auvergnat-Français,* Karl-Heinz REICHEL, CREER, 2005
- Revues « Vai-i qu'as paur ! », « Parlèm », « Lo Convise », « La Cabreta », « Bïza neira »

Du même auteur

Vivre la terre - Jean et Marie-Louise, paysans (photos et textes) - Éditions De Borée (2006)

Prom'nons-nous (album jeunesse) - Éditions Les Coffrets de l'Imaginaire (2006)

Mon Cantal, carnet d'un voyageur d'ici (Carnet de voyage illustré) - Éditions De Borée (2004, réédition 2007)

Instants d'enfance (roman), Éditions Les coffrets de l'imaginaire - diffusion De Borée (2003) épuisé

Fiòc et diable (contes, comptines et légendes d'Auvergne), Éditions CREER (2003, réédition de l'édition de 1984)

Rimelines, calligrammes et autres poésies (poésie), Éditions Brugès (2001)

D'hier à aujourd'hui, Neuvéglise (histoire et ethnologie), Éditions Brugès (2000) épuisé

A fonts mescladas (nouvelles, collectif) - Éditions Institut d'Etudes Occitanes (1999)

Écrivains en campagne (collectif), coédition Ministère de la culture DRAC Auvergne - Cheyne Éditeur (1998)

Le chant des loups et autres contes de neige rêvés en Auvergne (contes pour enfants), Ed. Les Coffrets de l'imaginaire (1998) épuisé

Je connais un pays (nouvelles poétiques illustrées), Éd. La Dépêche d'Auvergne (1993 et réédition 1995) épuisé

L'homme et les bœufs de travail (ethnologie), Éd. CREER (1995) épuisé

Quo's per rire (dessins d'humour) - Éd. Institut d'Etudes Occitanes / Centre Culturel Norib (1990) épuisé

La maison d'enfance (poésie), Éd. Brugès (1982) épuisé

Adagio pour un amour (poésie), Éd. Maison Rhodanienne de poésie (1980) épuisé

Les parfums interdits (poésie), Éd. Subervie (1978) épuisé

ICONOGRAPHIE :

Daniel, Pierre, Marie et Christiane Brugès.

Photographies additionnelles : L'œil des Combrailles.

Photographie de couverture (gentiane) : Marc Delaguilhaumie.

53, rue Fernand-Forest - Z.A. de l'Artière - 63540 Romagnat

www.deboree.com

Achevé d'imprimer en Espagne en septembre 2007

Dépôt légal : septembre 2007

ISBN : 2-84494-611-9

D. Brugès
07